JN043712

実務の技法シリーズ 2

債権回収のチェックポイント

［第2版］

編著

市川　充

岸本史子

著

國塚道和

嵯峨谷厳

佐藤真太郎

弘文堂

イドを本編に先立って設けているが、これは類書にはほとんど
ない本シリーズの大きな特色であろうと自負している。また、随
コラム欄も置き、実務上知っておきたい豆知識や失敗しないための
験知を気楽に身につけることができるようにも工夫した。

本シリーズは、各法律・紛争分野ごとの巻のほか、これに総論的テーマを扱う巻を加えて順次刊行していく予定である。読者の皆様には、ぜひ全巻を机上に揃え、未経験・未知の案件が舞い込んだときにも、該当する巻をすぐ手にとり、チェックポイントを確認して必要部分の解説を通読していただき、誤りのない事件処理をする一助としていただきたいと念願している。また、ベテランの弁護士の方々にも、未経験の事件のほか、自らの法律知識や実務経験の再チェックをするために本シリーズを活用していただけるならば、望外の幸せである。私たちも、実務家にとってそのように身近で有用なシリーズとなるよう、最大限の努力と工夫を続けるつもりである。絶大なご支援を心からお願いする次第である。

2019年1月

高中正彦
市川　充

シリーズ刊行にあたって

ひと昔は、新人・若手弁護士は、先輩弁護士によるOJ
実務を学び、成長していったものであるが、現在は残念な
輩弁護士から十分な実務の指導を受ける機会を得られない
導が短期間に終わってしまう弁護士も、かなりの数に上
である。そのようなOJTに対する強い要望が背景にあ
弁護士実務のノウハウや留意点を叙述した新人・若手弁
務書が実に多数刊行されている。しかし、それらを見
すぎる内容となっているもの、真に先輩弁護士に相談
羅していないもの、先輩の経験談を披露したにとどま
在しているように思われる。

このような状況の中、私たちは、実務を適切に処理
体得しておくべき技法を、一覧性のあるチェックポ
明快な基礎知識とともに叙述する書籍が必要とされ
かと考えるに至った。執筆陣には、新人・若手弁護
多い中堅弁護士を核とし、さらにはこれに気鋭の
ってもらった。「実務の技法シリーズ」と銘打っ
弁護士が実務において直面するであろう具体的な
を紛争類型ごとに分けたシリーズとなっている。
通して、新人弁護士ノボルが身近な先輩弁護士
に対して素朴な疑問を投げかけ、先輩がこれに
クポイントを指摘しながら回答していく対話か
ェックポイントをリスト化して掲げることを原
潔に行うという構成となっている。このチェッ
みしても、有益なヒントを得ることができる
に、当該事件を処理する上での必携・必読の

第2版はしがき

初版を刊行した2019年2月から早4年が経過した。本書は、実務家目線で債権回収の方法をわかりやすく解説しているとの評価を受け、若手弁護士や司法修習生のみならず、企業の法務部員の方たちにも読んでいただいたようである。

ただ、刊行から今日までの間、民法（債権法）の大改正があり、瑕疵担保責任、保証、債権者代位権、詐害行為取消権、時効、相殺、法定利率など本書に関わる部分でも制度が大きく変わったものがある。また、民事執行法についても、財産開示手続について改正がなされたほか、第三者からの情報取得手続という新しい手続が創設された。さらに、法律の世界でも電子契約が普及し、裁判のIT化が急速に進んでいるため、これらを本書に取り込む必要が生じていた。

そこで、このたび改訂を行い、第2版として刊行することとなった。第2版では、法改正にかかる部分について改訂を行ったが、他方で、わかりやすいと評価をいただいている具体的な**Case**を題材に、新人弁護士ノボルが兄弁や姉弁に叱咤されながら事件に取り込んでいく対話パート、依頼者から聞き取り検討しておくべきことやその他事前に準備しておくべきことなどをまとめた**Check List**、平易な文章を心がけた[**解説**]、最後にまとめの〘***Answer***〙という形式は、初版をそのまま踏襲している。

このような改訂にこぎつけたのも、本書をお読みいただき評価していただいた読者の皆様のおかげだと深く感謝するところである。第2版の刊行にあたっても、弘文堂編集部の登健太郎氏、中村壮亮氏にご助言をいただいた。厚くお礼を申し上げたい。

2023年1月

市川　充
岸本史子

初版はしがき

弁護士にとって債権回収の職務は、「基本のき」である。その理由として、弁護士にとっての基本法である民法、特に債権法と担保物権法の正確な理解が必要であること、債権を回収するまでの過程に判決、強制執行という基本ルートのほかに、様々なルートがあり、その選択が弁護士にとっての腕の見せどころとなること、民事保全法、民事執行法、各種倒産法など手続法の知識も必要であること、回収ができたか否かという結果が依頼者にとっても明白であり、依頼者との十分なコミュニケーションが求められていることなどを挙げることができる。要するに、弁護士が最低限身につけていなければならないことが債権回収業務には詰まっており、これをきちんと学ぶことは実務法曹にとって有意義なのである。

本書は、司法修習生を含む若手の法律実務家が新たに事件を受任した際の道標（チェックポイント）になることを目指して企画、編集、執筆をしたものである。実務家にとって最も重要なことは、具体的な事件を受けた際に、何が問題になっていて、その問題を解決するにはどうすればよいのかを的確に判断することである。本来このような力をつけるには多くの事件処理をこなすことが必要になるが、実務家としての経験が浅いときでも、他人が経験をしたことを見聞きしてこれを補うことができる。本書はそのようなほかの実務家の実務経験を基礎的な知識とともに書き込むことにより、経験が十分ではない実務家の糧にしていただくことを目的としている。

本書では、読者に具体的なイメージや臨場感をもってもらうために**Case**として事例を設定したうえで、実際に相談を受けた際に、何を相談者から聴き取るべきかをチェックするための**Check List**を設けた。また、経験の浅い実務家が相談を受けた場合に陥りやすいミスを先輩弁護士たち（「兄弁」「姉弁」）との対話の中で示すようにした。対話を挟むことにより相談に対応する際の思考の順序をイメージできるようにもなっている。そして本文にあたる［**解説**］はできるだけわかりやすい叙述、特に「そのことがなぜ問題になるのか」という点から記載するように心がけている。最後に、【***Answer***】においては**Case**で設定した事例に対する回答を示した。なお、適宜**Case**に即した書式を「参考書式」として掲げている。

さらに本書の特徴は、本編に入る前に設けられた「債権回収のためのブックガイド」である。本書はこれだけを読めば大丈夫というものではない（そもそもそのような書籍はほとんどないといってよい）。実務家にとって、今後どのような場合にどのような文献を読んでいけばよいのかを知ることは重要なスキルであるが、これを知る方法は実際には限られている。常によき先輩や同期の友人がガイド役になってくれるとは限らない。そのようなガイド役を担うべく、各書籍に簡単なコメントを付けて紹介しているので、読者の参考になれば幸いである。

本書を上梓するにあたっては、弘文堂編集部の登健太郎氏、中村壮亮氏と何度も企画会議を行いその内容を詰めていき、その過程で様々な助言をいただいた。おふたりの協力がなければ本書は世に出ることはなかったと思う。心からお礼を申し上げたい。

2019年1月

市川　充

岸本史子

目次 *contents*

第5章 こうしておけばよかった

【コラム一覧】

【参考書式一覧】

凡　例

【法令】

本書において法令を示すときは、令和4年12月30日現在のものによっている。なお、かっこ内で参照条文を示すときは、法令名について以下のように略記したほか、条は数字のみとし、項を①、②、③……、号を⑴、⑵、⑶……と表記した（例：会社法911条3項15号→会911③⒂）。

会	会社法
商	商法
税徴	国税徴収法
破	破産法
法基通	法人税基本通達
法税	法人税法
民	民法
民再	民事再生法
民執	民事執行法
民執規	民事執行規則
民訴	民事訴訟法
民訴規	民事訴訟規則
民訴費	民事訴訟費用等に関する法律
民調	民事調停法
民保	民事保全法
民保規	民事保全規則

【判例】

略記	正式名称
最大判(決)	最高裁判所大法廷判決(決定)
最判(決)	最高裁判所小法廷判決(決定)
高判(決)	高等裁判所判決(決定)
地判(決)	地方裁判所判決(決定)
民集	最高裁判所民事判例集
金判	金融・商事判例
判タ	判例タイムズ
新聞	法律新聞

債権回収のためのブックガイド

債権回収のための基本的知識は、民法については債権総論と担保物権が中心となるが、そのほか民事執行法、民事保全法、倒産法（破産法、民事再生法、それほど遭遇する機会は多くないが会社更生法）の知識が必要となる。民法と倒産法の基本書は各人がこれまで使用していたもので十分であると思われるが、民事執行法や民事保全法の基本書としては、定番といったものがあまりない。どちらかというと実務書と一緒に読んで知識を身につけていくことになる。

実務書や参考書は、非常に多くの書籍が刊行されているので、信頼できる書籍を選ぶのは難しい。自分が必要とする分野や内容をカバーしているか、使い勝手が良いかなど、実務書を選ぶ観点は様々だが、以下では多くの実務家が利用していると思われる実務書を紹介しているので、参考にしていただきたい。

■ 基 本 書 ■

民法と倒産法の基本書は各自が使用しているもので十分。ここでご紹介するのはあくまで参考程度のものである。

【民　法】

内田　貴
『民法 III 債権総論・担保物権〔第 4 版〕』
（東京大学出版会・2020 年）
いわずと知れたスタンダード。債権総論と担保物権をセットにしたところが実務家受けする。事例も豊富でわかりやすい。

中田裕康
『債権総論〔第 4 版〕』（岩波書店・2020 年）
安定感のある基本書。かなりのボリュームがあるので、実務家としては通読するというより調べるために使う感じ。

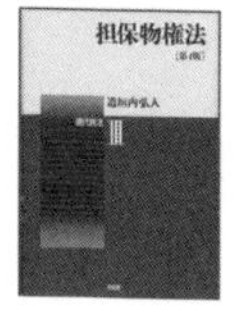

道垣内弘人
『現代民法 III 担保物権法〔第 4 版〕』（有斐閣・2017 年）
担保物権の基本書の定番。理論的で、独自説の展開もあるが、奥が深く理解を深めるためには最適。

【破産法・民事再生法】

伊藤　眞
『破産法・民事再生法〔第５版〕』（有斐閣・2022 年）
破産法と民事再生法が１冊になった定番。かなり厚いので通読するというよりは気になった点を調べるときに使う感じ。

【民事執行法・民事保全法】

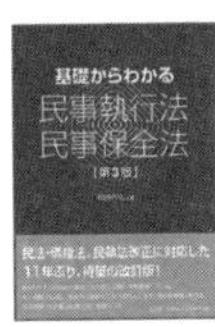

和田吉弘
『基礎からわかる民事執行法・民事保全法〔第３版〕』
（弘文堂・2021 年）
裁判官の経験がある著者が初学者のためにわかりやすく民事執行法と民事保全法について解説したもの。薄いので手軽に読めて役に立つ。

実 務 書

江原健志＝品川英基編
『民事保全の実務　上・下〔第４版〕』
（きんざい・2021 年）

中村さとみ＝剱持淳子編
『民事執行の実務・債権執行・財産調査編　上・下〔第５版〕』
（きんざい・2022 年）

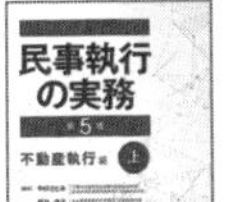

中村さとみ＝剱持淳子編著
『民事執行の実務・不動産執行編　上・下〔第５版〕』
（きんざい・2022 年）

以上の３点は東京地裁の保全部と執行部の裁判官がそれぞれ執筆に関わっているので、現在の実務を知るには必携。保全や執行のバイブルで、事務所に必ず１冊はおいておくべき。

園部　厚
『実務解説　民事執行・保全〔第２版〕』（民事法研究会・2022 年）
元書記官が執筆したもので、最新の情報が掲載されている。執行や保全は書記官が詳しいので、その意味で裁判所の実務を知るには最適な１冊。

権田修一
『債権回収　基本のき〔第５版〕』（商事法務・2020 年）
網羅的で用語解説などのほか書式も充実している。わかりやすく書かれていて若手の実務家にはうってつけの１冊。

園尾隆司＝福岡真之介編
『債権管理・保全・回収の手引き』（商事法務・2016 年）
各項目についての分量が多く、税務に関する項目も掲載されているなど記載が充実しているため、さらに理解が深まる。現行の法制度を歴史的な事実から解説したコラムも必読。

松本利幸＝古谷健二郎編
『書式　民事保全の実務〔全訂６版〕』（民事法研究会・2020 年）
東京地裁保全部の裁判官が執筆し、現場の裁判官も常に参考にしている。各種書式、とりわけ目録の記載例が満載。仮差押債権目録の記載例などは必ずこれに従って書かないと訂正されてしまうほど。

園部　厚
『書式　債権・その他財産権・動産等執行の実務〔全訂 15 版〕』
（民事法研究会・2020 年）
元書記官が執筆したもので、執行手続の申立書式が満載。

東京弁護士会倒産法部編
『破産申立マニュアル〔第２版〕』（商事法務・2015 年）
債権者または債務者の代理人として破産申立てをする際に必要となる事項が、Ｑ＆Ａ方式で書式とともに網羅されており実務において大変有益な一冊。

第一東京弁護士会総合法律研究所倒産法研究部会編
『破産管財の実務〔第３版〕』（きんざい・2019 年）
破産手続において、管財人および裁判所が留意している点に加え、破産申立代理人の留意すべき事項につきＱ＆Ａ方式でまとめられており、『破産申立マニュアル』とあわせて読むことで破産事件全体の理解に役立つ。

■参考書■

森田　修
『債権回収法講義〔第２版〕』（有斐閣・2011 年）
実務家ではなく研究者が執筆したものなので、理論的であり深みがあり、読み応えがある。

小林秀之
『破産から新民法がみえる』（日本評論社・2018 年）
『新・破産から民法がみえる』の実質的な改訂版。民事法の研究者が民法と破産法の交錯点を指摘しながら、民法の解説をする参考書。債権回収と直接のつながりは薄いものの、民法を深く理解したい人にはおすすめ。

第 1 章

取引先が支払いをしない!

Case

ノボル弁護士は、ボス弁と姉弁・兄弁のいる事務所に所属する登録1年目の弁護士である。このたび、最近ボス弁の顧問会社になったA社を担当することになった。A社は工作機械の製造・販売をする会社である。

ノボル弁護士がA社の担当者に挨拶をしたところ、近々、売掛金回収の件で相談をすることがありそうだと言われた。

A社の担当者によれば、A社は2022年2月10日、工作機械3台を合計4800万円で部品メーカーB社に販売し、引き渡した。代金の支払期限は3か月後の5月9日とした。ところが、支払期限の1週間前になってB社の担当者がA社を訪れて工作機械代金の支払期限の猶予を申し入れてきた。B社の担当者によると、B社がC社に販売した部品の売掛金6000万円が、支払予定日の4月25日に回収できず、資金繰りが狂ってしまった、ということだった。

• • •

ノボル：先輩、今度A社から売掛金回収の事件を受けることになりそうです。ざっと聞きましたが単純な債権回収事件のようですね。僕としては労働事件とか製品の契約不適合とか勉強になる事件をやってみたかったので、ちょっと残念です。

姉　弁：ちょっと、何を言っているの⁉ ノボル君、債権回収事件についてはもう自分に学ぶべきことはないとでも言いたいの？

ノボル：い、いや、そういうわけではないですけど…。債権回収についてはロースクールでも研修所でもひととおり勉強しましたし、この前、個人の貸金請求事件で勝訴判決をとりましたし。だいたい流れがわかったなと思って。

姉　弁：大きく出たわね。じゃあ聞くけど、勝訴判決をもらっても相手が払わなかったらどうするの？ 保全はしてあるの？ 訴訟をせずに解決する方法は考えた？ 訴訟以外にはどんな解決方法があるか言える？ そもそも担保はどういう場合に必要なのかしら？

ノボル：そ、そんなにいっぺんに言われても･･･。そんなことまで全部考えなくちゃいけないんですか。

姉　弁：あのね、債権回収事件はよくあるからといって簡単に考えてはダメよ。交渉から始まって、保全、訴訟、和解、ダメなら判決、執行と、民事弁護のフルコースが学べると考えなさい。債権回収事件には、書道で言えば「永字八法」のように民事弁護の色々な要素が詰まっているんだから。

ノボル：(フルコースはともかく「永字八法」って･･･!?) わかりました。じゃあ要するに、債権回収を経験すれば、僕は民事弁護がすべて習得できるということですね！ がんばります！

姉　弁：え･･･。そこまでは言ってないけど。まあ、そういうつもりで気合いを入れて取り組みなさい。

Check List

□初回相談を受けるとき［→第２章１・２］

□方針を決めるとき［→第２章３・４・５］

□弁護士が介入して交渉を始めるとき［→第２章６・７］

□金銭支払い以外の方法で回収したいとき［→第２章８］

□任意の交渉がまとまったとき［→第２章９］

□交渉がまとまらなかったとき［→第２章10］

□債権を保全したいとき［→第３章１］

□訴訟を提起するとき［→第３章２］

□和解するとき、しないとき［→第３章３］

□訴訟以外の法的手続をとりたいとき［→第３章４］

□勝訴判決を得たとき［→第３章５］

□勝訴したのに相手方が支払わないとき［→第３章６］

□事件が終了したとき〔→第3章7〕
□相手方が倒産してしまったとき〔→第4章1・2〕
□相手方が資産を隠しているとき〔→第4章3〕
□反社会的勢力が絡んだとき〔→第4章4〕
□再発防止のために会社に指導をするとき〔→第5章1・2・3〕
□結局、回収できなかったとき〔→第5章4〕

本書では、冒頭の**Case**をベースとして新人弁護士ノボルが経験する債権回収事件を時系列で追っていく。それぞれの場面で弁護士は何を考え、何を悩むのか。債権回収事件では特に、時間・費用・手間・回収可能性など様々な要素を踏まえて何が本当に依頼者のためになるのかを常に自問することになるから、手続の流れだけではなく、悩みながら進む弁護士の姿を共有してもらいたい。

まず、弁護士が債権回収に関与する場合、ほかの事件と同様にそのスタートは法律相談である。初回の法律相談で相談者から何を聴取すべきか、そのために相談者に何を持参してもらうのか。事前に適切な資料を指示できていれば打ち合わせも捗るし、「この資料はありますか？」「あー、今日は持参していません。戻って確認します」といった時間のロスも防げる。適切な指示で相談者から信頼を勝ち取ることができれば、法律相談から事件の正式受任にもつながる（事務所経営の視点も忘れずに）。逆に、漠然とした指示しかできず打ち合わせ時間が空転すれば相談者は不安になり、離れてしまう。事情聴取の準備から初回の相談は始まっているのである（第2章**1**・**2**）。

初回相談を受けた段階で情報が足りなければ補充の調査をし、そのうえで方針を決めなければならない。どこに行けば、どのような資料を入手できるのか。登記や決算書から何がわかるのか。それらの資料から読み取った様々な事実からポイントを絞り、その後の方針決定へつなげる基準をもつことが重要である（第2章**3**・**4**・**5**）。

相談の結果、債権回収を弁護士が受任することになると、まずは相手方に書面を送付し、その後面談して交渉に入ることが多い。交渉と並行して行える回収方法も検討すべきである（第２章**6・7・8**）。

任意の交渉の結果、合意ができたらどうするか、合意ができなかったらどうするか。それぞれの場合の具体的対応をあらかじめしっかりイメージしておくことで、有意義な交渉も行えるし手続の停滞も防ぐことができる（第２章**9・10**）。

そして、場面が法的手続へ移行することになると、最初に検討すべきは「保全手続をするかどうか」であろう。保全手続の種類を知っているだけでなく、その効果や及ぼす影響（もちろん費用も）を含めて、当該事件で保全を行うべきか否かを判断できるようにしておく必要がある（第３章**1**）。

訴訟を提起すると、その後の手続は基本的に訴訟のレールに乗って進むことになるが、司法統計によれば地方裁判所における民事訴訟事件の３割から４割が和解により終了している。とすれば、判決に向けて主張立証をする一方で、和解による解決を検討し、その内容・タイミングを見極めることも重要になってくる（第３章**2・3**）。

法的手続には、通常訴訟以外にも支払督促や調停などの選択肢がある。それぞれの特徴を理解して、当該事件でどれが有用かを判断しなくてはならない（第３章**4**）。

和解や判決で訴訟が終了しても、手続は終わりではない。特に債権回収案件はスピードが大切になるので、判決が出たあとに何をすべきか、手続の流れを理解して準備することで、スムーズに強制執行へとつなげていけるのである（第３章**5・6**）。

無事に回収ができて事件が終了したときも、その後にまだ預かり金の清算や原本の返却、担保の払戻しなど処理すべきことはいろいろあるので気を抜かないこと（第３章**7**）。

＊　＊　＊

以上が「一般的な事件の流れ」だとして、実際の事件ではこれに当てはまらないことも起こる。相手方の倒産や夜逃げ、反社会的勢力が絡んでくるなどの特殊ケースでは、弁護士が正しい対応を知っているか知らないかで事態が大きく変わることもあるので、押さえておくべきポイントを外さないようにしたい（第4章**1**・**2**・**3**・**4**）。

債権回収ができてもできなくても、弁護士の仕事としては「判決」や「執行」で一段落するが、実は依頼者が会社などの事業者である場合には、その後の経理処理・税務処理が非常に重要である。債権を一部回収するよりも全額損金処理するほうが「得」なことさえあるから、弁護士としてもそのような視点をもっておくべきである（第5章**4**）。

そのほか、取引開始時の留意事項や情報の集め方、担保のとり方など、債権回収が事件化する前の段階でやっておくべきことについても知っておくことにより、顧問先の会社に指導できるようになれば、顧問弁護士としての信頼度も上がるし、トラブルの予防にもつなげることができる（第5章**1**〜**3**）。

ノボル弁護士の奮闘や失敗を見守るとともに、自分ならどうするかを考えながら、本書を読み進めていただきたい。

第2章

まず何をすべきか

1…事情聴取の準備

Case

ノボル弁護士は、工作機械の売買代金4800万円の支払猶予の申出を取引先である債務者B社から求められた債権者A社（売主）の相談に乗るよう、事務所の所長から指示された。早速ノボル弁護士は、A社の総務担当者に電話をして、事務所で面談することにした。ノボル弁護士が打ち合わせに臨む際に留意すべきことは何か。

•••

ノボル：先輩。所長から、新しく顧問会社となったA社の相談に乗るよう言われました。

姉　弁：へぇ〜。あなたも仕事を任せられるようになったのね。A社かぁ…。最近うちの顧問会社になったところね。それで、どんな案件か聞いてる？

ノボル：はい。売掛金の回収ができないので困っている、という簡単な案件のようです。

姉　弁：簡単な案件…。簡単な案件かどうかなんてわかるの？ あなたA社の相談を受けるのは初めてでしょう？ A社の誰に来てもらうの？ 持ってきてもらう資料は指示した？ まずは、事実関係を把握するのが大事でしょ？

ノボル：は、はい…。

姉　弁：面談で聴取すべきことはわかってるの？ 売掛金発生のもととなる契約の種類によって回収の方針も異なるのよ。どのような契約だったの？

ノボル：ちょ、ちょっと待ってください。メモします…。

姉　弁：私がフォローするから終わったら報告に来なさい。

ノボル：わ、わかりました！ よろしくお願いします！

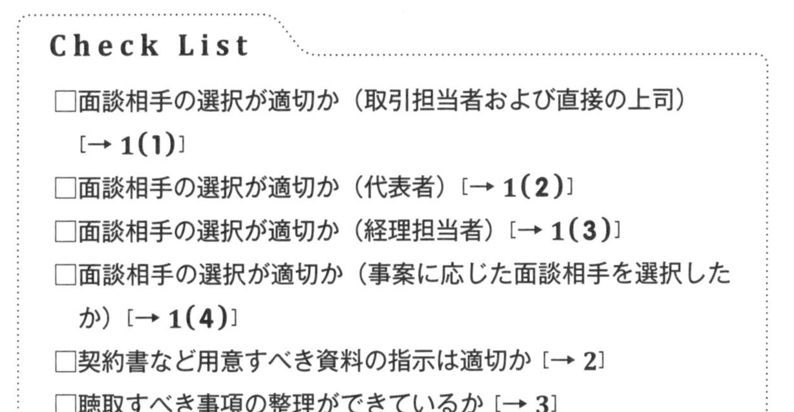

Check List

□面談相手の選択が適切か（取引担当者および直接の上司）〔→ 1(1)〕

□面談相手の選択が適切か（代表者）〔→ 1(2)〕

□面談相手の選択が適切か（経理担当者）〔→ 1(3)〕

□面談相手の選択が適切か（事案に応じた面談相手を選択したか）〔→ 1(4)〕

□契約書など用意すべき資料の指示は適切か〔→ 2〕

□聴取すべき事項の整理ができているか〔→ 3〕

[解説]

1　聴取の対象者

(1)取引担当者・直接の上司　相談を受けた事項につき、適切な法的アドバイスを行うためには、正確な事実確認が必要なことは言うまでもない。

事実関係を正確に把握するためには、当該事実関係を最もよく知る人物が対象者となることが原則である。売掛金の回収が問題となっている場合であれば、売掛先の取引担当者がこれにあたる。本節の**Case**でいえば、A社の従業員でありB社担当である者、となるだろう。

もっとも、担当者は連絡窓口のみであったり、担当者がすでに案件から外れている場合もある。その場合は、案件を把握している直接の上司から事情聴取することになる。

(2)代表者　会社の規模にもよるが、代表者がすべての取引に実質的に関与しているような小規模な会社であれば、代表者から直接事情聴取することも検討する必要がある。代表者から事情聴取することのメリットは、代表者は案件の最終の決裁権をもっているため、当該案件に対する事情聴取時点の会社の方針、たとえば、全額回収を目指すのか、ある程度のディスカウントでもよいので早期の解決を目指すのかなどの、今後の方針に関わる事情を聴取することができる点にある。

(3)経理担当者　取引先からの支払状況を把握するために経理担当者から事情聴取することも考えられる。また、取引先からの支払いがなされなかった際に、取引先から、請求書を出している経理担当者に連絡がいくことが通常なので、遅滞の理由、事情を直接事情聴取できるという点がメリットである。

(4)最終的に誰を事情聴取の相手とすべきか？　会社の規模、取引内容、取引金額により誰を事情聴取者とするかが異なることが前提ではあるが、最も事情を把握しているであろう取引担当者からの事情聴取を原則として、直接の上司、代表者、経理担当者の同席を検討することになるだろう。

2　準備すべき資料

紛争解決においては、書面が重要であることは論をまたない。契約書、発注書、請求書、当該取引についての相手方担当者とのやりとりのメールなどを事情聴取の際に参照できれば、より正確かつ容易に事情を把握できる。

これら書面を事情聴取の際に持参することを、事情聴取の対象者に伝えることが必須である。このとき、担当者等から、「どんな書面が必要でしょうか？」「データじゃダメでしょうか？」と質問を受けることがある。この場合、事案に応じて、上記のような当該取引で交わされた書面やメールのプリントアウト等を持参するか、あらかじめデータを送るよう依頼するべきであるが、質問者が重要でないと思っている書面が、案外重要な証拠となりうる場合があるので、分量の問題はあるものの、「関係すると思われる書類一切」を持参するよう依頼するとよい。

事案によっては、関係する書類が膨大な量となり、持参するのが困難な場合や、社内規定により書面の持ち出しが制限される場合も考えられる。この場合は、弁護士が会社に出向いて、会社内で打ち合わせを行うなど柔軟な対応が要求される。

事情聴取の際に関係する書類がないと、事情聴取がうまく進まず、改めて必要書類を指示して再度の打ち合わせをしなければならないなど、二度手間になることがある。また、最悪の場合、事情聴取した内容と書面が相反するなど、事実関係の把握を誤る場合も考えられる。

会社などが依頼者である場合は特にであるが、無駄な二度手間をしないことは、依頼者へのサービスという観点からも重要である。「スムーズな対応をする」ことそれ自体が依頼者からの信頼確保につながることには、留意しておくべきだろう。

3 聴取すべき事項の整理

予断は排除する前提ではあるが、聴取すべき事項をあらかじめ整理しておくことは、効率的かつ正確な事情聴取をするうえで重要である。債権回収ではあまり考えられないかもしれないが、たとえば未知の法律が関連するようであれば、事前に調査するなどしたうえで事情聴取に臨むことが大切である。

【 *Answer* 】

事情聴取の対象として、取引担当者、直接の上司、社長等会社の代表者、経理担当者が考えられ、会社の規模、組織体制に応じて最も聴取するにふさわしい対象者を選択する。また、当該事案に関係する基本書類を事前に準備させることが、正確な事情聴取に必要不可欠である。

2…はじめに聴き取ること

Case

ノボル弁護士が債権者A社の担当者から事情聴取をしたところ、A社は初めての取引先である債務者B社に対して工作機械を売り渡したが、B社から支払期限の猶予（リスケ）を求められたので、どうすればよいか、という相談を受けた。ノボル弁護士としてはどのようなアドバイスをすべきか。

また、このケースが一回的取引ではなく、A社とB社の継続的な取引であった場合に注意すべき点はあるか。

•••

ノボル：先輩。A社の担当者から話を聴きました。大体の事情はわかりました。予想していたとおり、それほど難しい事案ではなさそうです。こういった事情のようです。（ケースを姉弁に説明する）

姉　弁：なるほど･･･。それで、A社の担当者から裏付け資料の確認はしたの？

ノボル：はい。売買契約書は確認しました。

姉　弁：それだけ？ 発注書や機械の設計指図書などは確認しなかった？

ノボル：そこまでは･･･。機械に何か問題があったとは聞いていなかったので･･･。

姉　弁：そう。もちろん、商品である機械に問題がなければそこまで確認する必要はないんだけどね。で、そもそもリスケはどういった理由だったの？

ノボル：すみません･･･。そこまでは聞いていません･･･。

姉　弁：そこはちゃんと聞いとかないと。契約や金額に争いがあるのか、あるいは資金繰りの問題なのかどうかで話が変わってくるわ。

ノボル：すみません。もう一度、電話で聞いてみます･･･。

Check List

□契約の成立を示す契約書類はあるか〔→ 1〕
□正常な場合の商品提供、代金回収等の商流はどうなっているか〔→ 1〕
□契約自体に争いがあるか〔→ 2〕
□同時履行の抗弁権が生じうるか〔→ 2〕
□売買代金額に争いがあるか〔→ 2〕
□遅滞の回数は何回か〔→ 2〕
□未回収金額はいくらか〔→ 2〕
□回収できなくなってからの経過期間はどうなっているか〔→ 2〕
□契約の種類は一回的契約か、継続的契約か〔→ 3〕
□まとめ書面などの証拠を作成する必要があるか〔→ 4〕

［解説］

1　契約書等基本書類のチェック

まず、契約書、発注書など基本書類の有無を確認しなければならない。昔ながらの中小規模の会社の取引では、このような基本書類を作成せずに、口頭で受注する場合があり、このような場合は、契約内容がどのようなものであったかを事情聴取する必要がある。また、近時のインターネットからの注文では、契約書は作成されないこともある（もっとも、インターネット注文では、ウェブサイトの「注文フォーム」のプリントアウトが契約書代わりになる場合がある）。さらに、継続的な取引関係にある場合は、基本契約書のみ取り交わし、個々の取引は発注書さえ発行しない場合もある。また、これらの契約書類に相手方が捺印していない場合もある。こちら側が捺印した注文書（控え）だけがあり、相手方が捺印した注文請書がなければ、契約が成立しているのかという点があとで争われる可能性もある。まずは、基本書類の有無を確認するべきである。

次に、基本的な契約内容を確認する。債権回収において基本的な契約内容は、売買代金額、支払方法、支払時期、遅滞条項の有無、保証人の有無などが考えられる。支払方法として、一括払いか分割払いか、分割払いの額・回数、分割払いを怠った場合の期限の利益喪失条項の有無、遅延損害金の利率は法定の上限かどうかなどが主な聴取内容となる。

2 契約の成立や商品の不適合、金額に争いがあるか否かの確定

売掛金の回収の可能性、時期について見通しを立てるうえで、契約の成立や商品の契約不適合（瑕疵）、金額に争いが生じる可能性があるか、ということを聴取することは必須である。

支払遅滞の理由が、たとえば取引先の資金繰りの問題である場合と、製造物が売買対象物であって商品に契約不適合があることを理由に支払いを拒絶される場合は、同じ「代金を支払ってもらえない」場合であっても、事件の見通しはまったく異なることになる。また、双務契約の場合は履行の順序により同時履行の抗弁権があるのか、同時履行の場合にはこちら側（依頼者の側）の履行提供はなされたのかなども問題になる。

また、未回収の金額、支払いや取引の回数が複数の場合は遅滞の回数、回収ができなくなってからの経過期間など遅滞の現状を把握しておくことも、事件の見通しを立てるうえで不可欠である。

もちろん、当初の段階ではあくまで依頼者の側からのみ聴き取りを行うもので、相手方である取引先が何を考えているかは正確にはわからないし、また、当初は商品の契約不適合の話がまったく出ていなかったにもかかわらず、あとになって出てくる場合もある。ただ、最初の事情聴取で「支払遅滞について取引先はどのように言っているのか？」という質問に対する回答で、少なくとも当初の段階での取引先

の考えがわかり、事件の見通しを立てることができる。

3 継続的取引の場合の注意点

一回的取引の場合の債権回収は、「遅滞している債権をできるだけ早くかつ多く回収するためにどうするか？」という観点のみで検討することになるが、継続的に取引をしている取引先の支払いが遅滞している場合、遅滞している債権の回収を図るという観点だけでなく、「今後の取引をどうするか？」という観点からのアドバイスも必要不可欠である。過去の支払いが遅滞していて今後も取引を続けると、遅滞している債権額がますます増えるということも考えられるからである。継続的取引の場合、相談を受けた時点で将来の取引を停止することにより、損失がこれ以上拡大することを防ぐ、「損切り」の観点からのアドバイスも検討する必要がある。

将来の取引を停止するかどうかは、今後の支払いの見込み（過去に遅滞してその金額がかなりの金額になっている場合は、将来も支払いがなされる可能性は低いと考えられる）、当該取引先と取引することが事業のために必要不可欠かどうか（取引を停止することによって事業に多大な影響を与える場合はある程度リスクをとって取引を継続せざるをえないと思われる）、代替の取引先があるかどうか（代替の取引先があれば、取引を停止しそちらに切り替えたほうが損失拡大を防ぐことができる）などを検討して、アドバイスすることになるだろう。

4 証拠の作成

契約書、発注書、請求書などの書面は原本をコピーすることにより容易に証拠化することができる。しかしながら、たとえば、継続的取引の場合に支払いがまちまちであるような場合、遅滞額を把握するために、新たな証拠として、たとえば支払時期、支払額などを一覧にした「遅滞額一覧表」などのまとめ書面を作成したほうがわかりやすい場合がある。そのような場合は、そのままの書面ではなく、証拠として提示できるような形で書面を作成する必要がある。

【 ***Answer*** 】

最初の事情聴取では、契約書等基本書類の存否・内容を確認する。債権回収の方針を定めるにあたっては、契約の成立や商品の契約不適合（瑕疵）、代金額などで争いが生じる可能性があるかどうかが重要になってくるので、この点を確認する。

継続的取引の場合は、これまで遅滞した債権の回収を図るだけでなく、今後損害を拡大させないための検討も必ず行うことが求められる。

3…情報収集

Case

ノボル弁護士は、補充の事情聴取を、債権者A社の担当者、経理担当者から行った結果、契約の成立、履行、物の契約不適合等の観点から、債務者B社の支払拒絶が法的に正当化される可能性は低く、支払遅滞はB社の資金繰りの問題である可能性が高いことがわかった。現段階でA社はB社からのリスケの申出に対する回答を留保しているとのことであった。

このような場合、ノボル弁護士はどのような点に注意して情報を収集すべきか。

•••

姉　弁：ノボル君、A社の担当者との補充の打ち合わせ、どうだった？

ノボル：はい。契約の成立やA社の履行に問題はなく、B社の支払拒絶が法的に認められる可能性は低いと思います。B社からリスケを求められていて、これにどう答えたらいいか、アドバイスを求められました。

姉　弁：それでノボル君はどんなアドバイスをしたの？

ノボル：はい。B社が支払わないのであれば、さっさと訴訟を提起したほうがいい、と言いました。

姉　弁：ちょっと待って。訴訟といっても、判決だけとって執行できなければ意味がないわよ。B社の支払能力はどうなの？

ノボル：支払能力…。ええっと、そこまで聞いてませんでした…。

姉　弁：B社にめぼしい資産はあるの？ 本社事務所は自社所有なの？ 自社所有として担保はついているの？ B社の売掛先はわかるの？ 取引銀行は？ A社のほかに支払遅滞の情報はあるの？

ノボル：た、たしか、自社ビルであると言っていたような、なかったような…。

姉　弁：あいまいね。登記事項証明書は見たの？ 売掛先の情報はあるの？
ノボル：（青い顔になって）・・・すみません！ もう一度聞いてみます。

Check List

- □取引先の情報を多数収集できたか［→ 1］
- □収集した情報の信頼性をチェックしているか［→ 2］
- □取引先が他の債務を遅滞しているか［→ 3(1)］
- □取引先の事業は継続しているか［→ 3(2)］
- □取引先は不動産を所有しているか。時価は調査済みか［→ 4(1)］
- □売掛金はあるか。売掛先、金額、支払日を把握しているか［→ 4(2)❶］
- □預貯金はあるか。金融機関、支店はわかっているか。預入先に取引先の借入金があるか［→ 4(2)❷］
- □商品の在庫品はあるか。換価価値はあるか［→ 4(3)❶］
- □換価可能な車両はあるか［→ 4(3)❷］
- □商品の売却先は把握しているか。代金が取引先に支払われているか［→ 4(4)］
- □代表者個人の資産はあるか［→ 4(5)］

［解説］

1　情報収集の重要性

取引先の情報は、後に述べる「信頼性」について意識しつつ、幅広く収集する必要がある。債権回収については、この情報収集が今後の方針を決定する際に重要となる。仮に裁判手続を経て債務名義を取得できても、それが「絵に描いた餅」にならないようにするためである。

他方で、取引先という相手方の領域に関することなので、質・量とも、「完全な情報」は得られないのが通常である。限られた情報しか得られない場合であっても、得られた情報の範囲で判断することを求められているということを頭に入れるべきである。

2 情報の信頼性について

前述のとおり、取引先に関する情報はできる限り広範囲に収集するべきであるが、一つひとつの情報について、どれだけ信頼性があるかを意識する必要がある。取引先のうわさや風評(「仕事がなく困っているようだ」「資金繰りに窮しているらしい」「従業員がどんどん辞めているらしい」)などがそうである。

他方で、今後の事件の見通しを立てる初期の段階では「うわさ・風評」も重要な情報であることもまた、たしかである。そもそも、企業の経済的信用に関して、芳しくない噂が出ること自体が、企業の経済的信用に傷がつくことでもある。これら信頼性に疑義のある情報も積極的に収集して、「もしこの情報が事実なら」と仮定して今後の方針を立てることを検討する。

後の事情聴取や資料を収集した段階で、これらの情報を裏付ける他の事実や資料が出てくる場合もあるので、その段階である程度の確定情報として、先に立てた方針を貫くなり、方針転換を図るなり、柔軟に対応することが必要である。

3 支払能力に関してどのような情報を収集すべきか

Case のように、支払遅滞の理由が取引先の資金繰りの場合、取引先のどのような情報を取得すればよいだろうか。

まず考えられるのは、換価して遅滞している債権の回収に充てる資産の調査である。これは **4** で詳しく述べる。そのほかに、

- 資金繰りの悪化が一時的なものか恒常的なものか
- 資金繰りの悪化の理由は何か

ということがあり、これらを判断するため、以下のような情報を収集することが考えられる。

(1)他の債権者に支払遅滞があるか？　取引先の他の債権者として、

①金融機関
②公租公課（国税、地方税、社会保険庁）
③取引先

が考えられる。複数の債権者の遅滞がある場合は、取引先の支払原資が不足している場合が多く、その場合、債権者間での「限られたパイ」の取り合いということになり、自社の債権回収に大きな影響を与えてしまう。

他の債権者の遅滞があるかどうかに関し、特に把握しておくことは公租公課の遅滞である。税務当局は、売掛先、預貯金など、通常の取引先では取得することが難しい情報をもっている場合が多く、これらの情報を利用して債権回収を先んじられる場合があることに加え、裁判手続を経ることなく差押えが突如なされる場合があり、自社が債権回収で「負けてしまう」ばかりか、公租公課の差押えにより信用不安が増大して、業績がこれまで以上に悪化する場合もある。公租公課に遅滞があるか否かは、債権回収を図るうえで大変重要な情報といえる。

その他①の金融機関は、不動産など物的担保や代表者の個人保証など人的担保をとっているので、回収を先んじられる場合がある。

(2)取引先の事業に関する情報　資金繰りに窮している取引先は、従業員の給与や賃借している事務所の賃料など事業の運営のための資金が回らないことにより（キャッシュフロー不足）事業を継続することができず、事実上事業を行っていない場合がある。また、事業を行っている場合は、遅滞した債務の弁済に回すキャッシュを生み出すことができるが、事業を行っていない場合は、保有している資産を換価して返済に回すほかない。このように、取引先が事業を継続しているか否かは取引先の支払能力を判断するうえで重要な情報なので、把握しておくべきである。

もっとも、現状事業が低調であっても、たとえば、近々に大口の取引が見込まれる場合は、将来的にキャッシュを産み出す可能性があり、回収の可能性が出てくる。

このように、取引先の事業の内容によって、債権回収の可能性が変わるので、これらは可能な範囲で収集すべき情報といえる。

4 資産調査

Case のように、支払遅滞が取引先の資金繰りの問題で、今ある手元資金では返済できない場合、債務を返済するためには取引先が保有している資産を換価して支払いに充てるほかない。資産換価は、取引先が任意に行う場合と、債権者が強制的に行う場合があるが、いずれにせよ債権回収において取引先の資産調査は必須である。

以下では、債権回収の視点から資産ごとにその特徴をみていこう。

(1)不動産 一般的に換価する額が大きく、所在も固定しているため、まず調査すべき資産である。ただし、いくつかの点に注意が必要である。

❶（根）抵当権が設定されている場合： 金融機関等他の借入金の担保に入っている場合が多い。この場合は、担保不動産の「剰余価値」の調査も同時に行う。具体的には、不動産の時価を調べ（後述❸参照）、その金額を前提に、乙区記載の被担保債権額から、借入日から現在までの返済額を差し引いたものが残債務額となり、この残債務額と不動産の時価との差額が剰余価値になる。

〈時価〉－｛〈乙区債権額〉－〈返済額〉｝＝剰余価値

残債務額は推測にならざるをえないが、「手堅く」みるなら、乙区記載上の債権額を使ってもよいかもしれない（もっとも、まったく支払いがない場合は、利息、遅延損害金が加算され、債権額より大きくなる場合さえある）。

剰余価値がない（むしろマイナス）か、あってもわずかな金額である場合は、換価価値がないといえる。

❷事業継続に必要不可欠な不動産である場合：　取引先が今後も事業を継続する意思がある場合、不動産が事務所や工場など、取引先の事業の継続に必要不可欠なものであれば、それらを換価して返済に充てることは困難である。強制執行の場面では、このような場合であっても、換価して差押えを行う場合があるが、この場合は、取引先を事業停止に追い込むことになり、その結果、自己破産の申立てにより債権回収ができなくなるというリスクがある（第4章**1**参照）。

❸不動産の価格調査：　不動産は売掛債権や預貯金のように手続さえとれば債権回収が容易にできるというものではなく、実際に債権を回収するためには換価が必要である。換価するためには「換価した時の価格」、すなわち「時価」を調査することが必要である。不動産の時価を正確に調査するのはなかなか困難な場合が多いが、以下の価格を手がかりに時価を調査するのが一般的である。

・固定資産評価
・路線価
・基準地価
・公示価格

これら価格は、地域ごとに時価との比較がなされる。たとえば、東京都内の不動産であれば、固定資産評価額は時価の2～3割、路線価は時価の7～8割、基準地価・公示価格は時価という目安がある。

ただし、これらはあくまで「目安」にすぎないことに留意すべきである。また、最近は不動産会社が無料で価格査定を行うことが多いので、これらを利用することも検討するべきである。

(2)売掛金・預貯金等債権　❶売掛金：　取引先が大口の売掛先を有している場合には、売掛金の回収によって得た資金で今後任意に支払いがなされる可能性がある。また、任意の支払いがなされず強制執行になった場合に換価の必要がなく回収が容易である（第3章**6**参照）というメリットがある。

他方で、売掛金の有無、売掛先などを調査することが困難である場合が多いこと、売掛金の取引先への支払時期により差押えの実効性が左右されることなどに留意すべきである。

❷預貯金：　売掛金同様、強制執行の場合に換価の必要がなく回収が容易であるというメリットがある。

他方で、当該預金口座がある金融機関から取引先が融資を受けている（借入金）場合、差押えをしても、金融機関からの借入金と相殺され、同相殺が優先される（最大判昭和45・6・24民集24巻6号587頁。民511参照）。強制執行の場面では、預金残高とともに、当該金融機関から融資を受けているかどうかの調査が必要である。

(3)動産　❶在庫品：　製品の卸、販売を事業とする取引先であれば、在庫品を換価することで債権回収に充てることができるので、在庫品の有無、所在場所、数量、換価した場合の価値などを調査する。

他方で、在庫品は換価しても価値がない場合が多く、価値がありそうな在庫品には、商社や金融機関の集合譲渡担保に入っていることがあるので、この点注意すべきである。

❷車両（重機等）：　取引先が保有する営業車などの普通車は換価価値がない場合が多いが、トラック、ユンボなどの業務で使用する重機類は、中古であっても需要が高く、換価価値がある場合があるので、調査するべきである。

他方で、これら備品はリースの場合があり、会社が破綻状態になった場合はリース会社に引き揚げられ、換価できない場合があることに注意すべきである。

(4)取引先の卸先　取引先に売却、譲渡した商品を、取引先が転売した場合の売買代金が未払いの場合、動産売買の先取特権（第5章**3-4(1)**参照）を行使できる可能性があるため、売買、代金支払いの有無を調査する。

他方で、調査の方法が困難であること、判明した場合であっても代金が取引先に支払われた場合は先取特権を行使できないので、すぐに仮差押手続を行う必要があることに注意すべきである。

(5)代表者の個人資産　代表者が連帯保証していない限り代表者の個人資産を換価することができないことは当然であるが、取引を行うにつき代表者個人に悪意もしくは重大な過失がある場合は、代表者個人に損害賠償請求ができる場合（会 429 ①）があるので、このような事情があると考えられる場合は、代表者個人の資産も調査する。

他方で、代表者個人に対する損害賠償請求ができる場合は限定されている（＝代表者個人の資産を換価できることは少ない）ことから、相談者に過度の期待をもたせないことに注意すべきである。

【 *Answer* 】

債権回収においては情報が重要であり、情報の信頼性に配慮しつつできるだけ広く収集する。収集する情報は、大別して、支払能力に関する情報と資産に関する情報がある。支払能力に関する情報として取引先が自社のほかに債務を遅滞しているか、取引先が事業を継続しているか、取引先の事業の現状・見通しなどがあり、資産に関しては、不動産、売掛金・預貯金等の債権、在庫品・車両等の動産などがあり、それぞれ、注意すべき点がある。

◀コラム▶ 移ろいやすい依頼者の気持ち～回収可能性と受任

債権回収について依頼があった場合にこれを受任すべきかどうかの判断は意外と難しいものです。債権の管理に慣れているとはいえない依頼者からの債権回収の依頼事件は、そもそも債務者の資金繰りがどのようになっているのか、支払能力があるのか、資産があるのか等についてほとんど情報がない段階で相談がくることが多いといえます。

弁護士としては自分を頼って相談に来てくれるのは嬉しいことですし、依頼者のためにベストを尽くそうと思うでしょう。しかし、そのような気持ちだけで事件を引き受けるのは慎重にすべきです。債権回収では裁判に勝つかどうかが重要ではありません。債権をどれだけ早く回収するか——依頼者が弁護士に求めているのはこれです。弁護士がどんなに一生懸命仕事に取り組んだとしても、債権回収の結果を出さなければかえって依頼者との関係は気まずいものになってしまいます。ときには「弁護士は着手金ばかりとって何の結果も出さない。こんなことになるんだったら、弁護士なんかに依頼するんじゃなかった！」と依頼者から恨まれることにもなりかねません。

受任の際に、回収ができず費用倒れになる可能性があることを十分に説明し、依頼者の側も「わかりました。回収できなくとも一泡吹かせてやりたいので裁判をやってください」と言っていたとしても、時間が経過するにつれて依頼者の気持ちは変わります。依頼者の債務者に対する悪感情は薄れ、その感情は弁護士に向かうこともあるのです。

弁護士報酬について、着手金はゼロで成功報酬だけにする方法をとれば回収できなかった場合の依頼者の感情は抑えられるかもしれませんが、タダ働きになるリスクもあります。その分、成功報酬金を高くすれば弁護士倫理上の問題が生じてきます。結局重要なのは、受任の段階で、債務者に関する情報をいかに多く収集し、回収の見込みがあるかどうか的確な判断をして受任の適否を決めることです。そして、場合によっては受任を上手に断ることも大切です。そもそも、誰がやっても回収できないケースは相当数あるのであり、依頼を断ることは悪いことではないのです。　(市川　充)

4…情報収集の方法

Case

ノボル弁護士が債権者A社の担当者から改めて事情を聴取したところ、債務者B社の本社建物は自社所有のようだが調査はしていない、また、M県に工場があるが、これも調査はしていないとのことだった。大口の取引先があるように聞いているが、売掛先、金額まではわからないとのことだった。さらに、取引銀行はわかるが支店まではわからないとのことであった。

ノボル弁護士としては、今後の情報をどのように取得したらよいか。

•••

ノボル：先輩、A社の担当者から話を聞きました。わかっていることはほとんどないようです。資産調査はお手上げですね。

姉　弁：ノボル君、自分で調べたの？ こちらで調べることができることはこちらで調べなきゃ。不動産の登記事項証明書を自分でとってみなさい。

ノボル：いや、法務局には行ったことなくて･･･。事務員さんに教えてもらって本社事務所の登記はとってみます。だけど、M県にある工場については、とるのは大変です。

姉　弁：あのねえ、ノボル君、登記事項証明書は当地の法務局でもとれるのよ。それに、不動産の所在地がわかれば郵送でとることもできるのよ。

ノボル：そうなんですか。工場の住所はわかっています。

姉　弁：不動産所在地は住所とは違うんだけど･･･。まあ、それはあとから話をするとして、B社の決算書は手に入らないの？ 決算書が手に入ると会社のいろいろな情報が手に入るわよ。

ノボル：決算書･･･。ちょっと僕、数字に弱くて･･･。

姉　弁：取引銀行は支店までわかっているの？ 預金債権はかなりあるの？ 取引銀行からの借入金はいくらくらいなの？

ノボル：あの、昔から数学は成績が悪くて･･･。

姉　弁：数学の成績は関係ないでしょ。弁護士も最低限の会計の知識は必要よ。もう一度Ａ社の担当者に聞いてみなさい。

ノボル：は、はい（はぁ･･･かっこわるいなぁ･･･）。

Check List

□それぞれの情報の収集方法を把握しているか〔→ 2〕
□取得を依頼する事務職員と意思疎通ができているか〔→ 1〕
□不動産登記事項証明書を取り寄せる情報を有しているか〔→ 2(1)〕
□商業登記事項証明書を取り寄せる情報を有しているか〔→ 2(1)〕
□固定資産評価証明書を取り寄せる必要があるか〔→ 2(2)〕
□路線価、基準地価、公示価格は調査したか〔→ 2(3)〕
□決算書は取得できたか。取得できる見込みはあるか〔→ 2(4)〕
□預貯金の情報を取得できたか。取得の見込みはあるか〔→ 2(5)〕
□調査会社による調査が利用可能か〔→ 3〕

［ 解 説 ］

1　事務職員との連携

ここでは、本章 3 でみた取得すべき情報をどのような手段で取得するかについて確認する。情報収集にあたっては、弁護士と事務職員との連携が極めて重要である。

実際に情報収集をする際には、取得先に出向く場合や、郵送等で申請する場合、インターネットでの調査も含め、弁護士が事務職員に指示をして取得する場合が多い。事務職員には情報収集の意図を説明しないと、弁護士の意図していた情報収集ができない場合がある。たとえば、取引先の資産である不動産の調査のため、不動産登記事項証明書の取得を指示した場合に、不動産の所在地や個数を誤って伝えてしまうと、正確な不動産登記の情報が取得できない。

事務職員には、弁護士の意図を明確に伝えるようにしなければならない。

◀コラム▶「戸籍を取り寄せといて」が命取りに ～戸籍等の取り寄せと事務員への指示

忙しいあまりに弁護士が事務所の事務職員に「この人の戸籍を取り寄せておいて」とだけ指示して戸籍を取り寄せた経験のあることはないでしょうか。指示された事務職員は、忙しそうな「先生」に特に確認することはせず、忖度して適当と思われることを職務上請求用紙に書き込んで書類を取り寄せる、ところが事務職員が戸籍の記載事項を必要とする理由について書き込んだことは事実とは違っていた――こんなことは日常的に起こりうることです。

弁護士が職務上請求用紙を用いることができるのは弁護士業務を行う場合に限られます。たとえば顧問会社が新入社員の身元を調査したいので戸籍謄本を取り寄せてほしいと依頼してきたとしても、職務上請求用紙を用いることはできません。また、職務上請求用紙を使用できるのは弁護士の受任業務に関わる場合です。たとえば依頼者が自ら債権回収をする場合に、債務者の所在を調査したいので戸籍の附票を取り寄せてほしいと調査だけを依頼してきたとしても、職務上請求用紙を用いて戸籍等を取り寄せることはできません。

このような場合に「裁判所に提出するため」などと虚偽の事実を職務上請求用紙に記載して戸籍等を取り寄せることは違法となり、懲戒処分を受けた例もみられます。

国民の個人情報に関する意識が高まり、最近はこれらの書類の取り寄せや取り寄せた書類の取扱いに関して弁護士の懲戒処分がなされることが多くなっています。上記のような虚偽記載のほか、情報収集に関する懲戒事例には、取り寄せた情報をそのまま依頼者に交付したために第三者のプライバシーを侵害したとして懲戒処分となったものが少なからずあります。情報の取扱いには慎重になるべきことを教えてくれるものです。（市川　充）

2 資産調査

(1)不動産登記事項証明書・商業登記事項証明書　❶取得目的：　まず、これらの証明書を取得する目的は、以下のとおりである。

ア　不動産登記事項証明書
→所有名義の調査、担保の有無、資産価値の算定の基礎資料
イ　商業登記事項証明書
→会社の本店所在地、支店の有無、所在地を確認することによる資産調査の基礎資料

❷取得先：　法務局で取得する。法務局は各地域にあるが、現在不動産登記、商業登記ともデジタル化（行政では「コンピュータ化」と呼ぶことが多い）されているため、「現在事項証明」については、どこの法務局でも取得することができる。ただし、閉鎖された登記簿（不動産、商業とも）は、管轄の法務局でしかとることができない。また、登記申請書類を閲覧する場合も管轄の法務局に保存されているので、管轄法務局に出向いて閲覧する必要がある。

❸取得方法：　法務局の窓口に申請書を提出（所定の印紙代を貼付する）したり、申請書を法務局に郵送することにより取得することもできる。

インターネットで証明書を取得することもできる（オンライン登記事項証明書）。また、証明書とすることはできないが、「登記情報提供サービス」で登記の内容をすぐに調べることもできる。

❹不動産の所在地と住居表示の違い：　不動産の所在地と住居表示が異なる場合（東京都ではほとんど異なる）は、住居表示（住所）ではなく所在地を特定する必要がある。従前は住居表示がわかっているが所在地がわからない場合は、法務局備え付けのブルーマップで調べていたが、最近は法務局の窓口ないし電話による問い合わせで、住居表示を述べることにより所在地を教えてもらえるようである。

(2)固定資産評価証明書　❶取得目的：　不動産の評価（価値）の基礎的資料として取得する。後述するとおり、固定資産評価額は、実際の不動産の価値からかけ離れている場合が多いと考えられるが、不動産業者の価格査定の基礎資料とされる場合もあり、また、建物については、適正な減価償却を行えば、価格査定の資料ともなりうること、訴訟手続になった場合は提出を義務づけられることから、この段階で取得すべき資料である。

❷取得先：　市区役所で取得する。東京都は都税事務所で、東京都23区内の不動産であれば、どこの都税事務所でも取得することができる。

❸取得方法：　登記と異なり、誰でも取得できるものではない。弁護士であれば、専用の申請書に利用目的を記載して申請する。窓口で申請書を提出するか、郵送でも取得できる。

(3)路線価・基準地価・公示価格　取得目的は土地の価値を調査するためであり、いずれもインターネットで調べることができる。路線価は国税庁のウェブサイト、基準地価と公示価格は国土交通省のウェブサイトで公開されている。

(4)決算書　取引先の所有不動産・動産、売掛金先、商品の卸先、預貯金、業績など、債権回収にとって非常に有益な情報が記載されているため、入手できれば有益である。

入手方法としては、決算書は法人税申告書に添付されていることから国税局への弁護士会照会が考えられるが、実務上、国税局では理由の有無を問わず照会には応じていない。

したがって、取引先に任意に決算書を提供させる方法で取得することになる。実務上よくあるのは、取引先が支払猶予を求めてきた際に、猶予すれば支払われることを担保するためとして、決算書を交付するよう求めるケースである。

(5)預貯金　取引先名義の金融機関の口座の入手方法として、まず、インターネットで取引先のウェブサイトを確認する方法がある。取引先ウェブサイトの「会社概要」に、自社の信用性を宣伝するために「主要取引金融機関」を記載していることが通常だからである。もっともこの場合、金融機関名のみ記載し、支店までは記載されていないことが通常である。

次に考えられるのは、取引担当者からの情報である。**Case** のような、商品の売主であって売買代金を受け取る立場にある場合であっても、取引担当者どうしの会話等から、取引先と付き合っている金融機関がわかっている場合が多くある。

また、一度の売買契約で金額が大きい場合は、通常どこの金融機関から振り込まれているかを事前に知らせていることが多いので、この場合も少なくとも１つの振込先金融機関はわかる。

最後に、取引先の口座があるかどうか、あるとして金額はいくらか、を弁護士会照会で行うことが考えられる。詳細は、第３章**6**で述べるが、債務名義である民事事件判決に基づく判決書（公正証書は不可）があれば、都市銀行では、支店がわからなくても、口座の有無および残高の照会に応じている。ただし、逆にいえば、通常の調査の段階（判決がない段階）では弁護士会照会で預貯金の有無・残高は調べられない、ということになる。

同様に、金銭債権の債務名義を有する債権について、強制執行をしたが功を奏しない場合に、金融機関等に対して、債務者の財産に関する情報の開示を求める手続もある（民執 207）。ただし、これも債務名義があって、強制執行をしていることが要件なので、初期の調査段階では用いることができない。

◀コラム▶ 閉鎖登記簿とは何か?

不動産登記簿、商業登記簿は現在デジタル化されており、登記簿の記載事項を知りたい場合、現在の情報もしくは直近の情報のみ記載された「現在事項証明書」が交付されます。

通常は、現在もしくはその前の情報を把握できればすみますが、一定の場合には、閉鎖された登記の情報が必要な場合があり、その場合に、不動産、商業の閉鎖登記簿謄本を申請しなければならない場合があります。

どのような場合に必要かというと、不動産登記では、所有者の来歴、すなわち、当該不動産の所有者にどのような変遷があったかを調査する場合に、不動産閉鎖登記簿謄本を取得することになります。取得時効を請求原因とする訴訟や遺産確認訴訟での利用が考えられます。商業登記では、取締役の変遷を調査する場合に商業閉鎖登記簿謄本を取得することがあります。取締役個人やその家族がいかに当該法人と関係が深かったかを立証する際の利用などが考えられます。

閉鎖登記簿の取得先については、現在事項証明書はオンラインでつながっているため、どこの法務局でも取得することができますが、閉鎖登記簿は保管されている法務局に申請しなければ取得することができません。

閉鎖登記簿の保存期間は以下のとおりですが、法務局によっては、以下の保存期間が過ぎても保管されている場合がありますので、閉鎖登記簿が保管されている法務局に問い合わせてみてください。

土地閉鎖登記簿	閉鎖された日から 50 年
建物閉鎖登記簿	閉鎖された日から 30 年
商業閉鎖登記簿	閉鎖された日から 20 年

(國塚道和)

3　支払能力に関しての情報収集

調査会社の企業情報、取引担当者からの情報、同業者、他の取引先からの事情聴取などから情報を収集する。調査会社の企業情報については、取引先が大規模か、中小規模であっても名前が売れているような場合は、調査会社の情報は有用である。他方で、世間にあまり知られていないような中小規模の会社の場合は、調査会社が詳細な情報をもっていない場合が多いと思われる。調査会社の調査は新規に行ってもらう場合には費用がかかるので、この点は費用対効果の観点から適宜対応すべきである。

その他、インターネットの検索サイトを使った調査がある。必ずしも有益な情報が出てくるとは限らないが、匿名の掲示板の情報も含め信頼性に留意しつつ、広い範囲から取得することが望ましい。

【 ***Answer*** 】

取引先の資産、支払能力に関する情報を収集するための方法を事前に把握しておく。収集する情報ごとに、できるだけ早く収集するための段取りを検討する。事務職員に取得を指示する場合は、取得の意味など、明確な指示を行うこと。

5…方針決定

Case

調査の結果、債務者であるＢ社は自社工場の土地建物があり（抵当権がついている）、取引先に対する売掛金、金融機関に対する預金債権を有していることが判明した。また、Ｂ社は他社に対しても債権者Ａ社と同様にリスケ要請をしていることもわかった。

調査の間にＢ社の債務の支払期限が到来したが、Ｂ社からの支払いはなかった。このような状況で、ノボル弁護士は債権回収についてどのような方針を立てるべきか。

●●●

ノボル：先輩。Ａ社の件ですが、相手先であるＢ社の調査も終わり、今後どうしたらいいか、Ａ社から相談を受けました。

姉　弁：ちょっと資料見せてみて。･･･なるほど。資産として不動産、売掛金、預金債権があるのね。ノボル君、今後どうしたらいいと思う？

ノボル：（自信満々に）差し押さえるべきものがあるんですから、保全、本案訴訟、判決、強制執行という裁判手続をとります！

姉　弁：いきなり裁判手続一択･･･。裁判手続をしないと債権回収ができない可能性が高い、ということならいいけど、この事案は本当にそれしか方法ないの？

ノボル：（ムッとして）それじゃあ、どうすればいいんですか？　任意に支払わない場合は裁判手続をとるほかないんじゃないですか？

姉　弁：「任意に支払わない」といっても、いろいろな場合があるでしょ？　絶対に支払わない、というのであれば、あなたの言うとおりだけど。今回のＢ社のケースは、資金繰りが苦しくて、支払いたくても支払えないからじゃないの？ B社にめぼしい資産はあるの？ 本社事務所は自社所有なの？

ノボル：だからこそ、裁判手続をして強制的に回収するんじゃないんですか。

姉　弁：相手先の「懐具合」、こちらの回収の考え方如何によっては、交渉して回収できる場合もあるわ。あとね、裁判手続を選択するとどうしても回収はしばらく先になるでしょ？ 実際に回収する期間が延びれば延びるほど回収可能性も低くなるのよ。

ノボル：それはそうだと思いますが･･･。

姉　弁：『明日の1万円より、今日の5千円』がいい場合もあるの。相手方の状況、こちらの方針、今後の見込みなどすべての状況を総合して、クライアントにとって一番いい方法を考えるのが、私たち弁護士の仕事じゃないかしら。

ノボル：わかりました。もう一度資料を精査して検討してみます。

Check List

- □任意回収を目指すか、法的手続で回収を図るか〔→ **1**・**3**〕
- □立てた方針が最大限の回収につながるか〔→ **2**〕
- □立てた方針が確実な回収につながるか〔→ **2**〕
- □立てた方針が早期回収といえるか〔→ **2**〕
- □法的手続をとることによってかえって債権回収が困難にならないか〔→ **3**〕
- □任意交渉を経ずに法的手続をとるのが相当な状況か〔→ **4**〕

［解説］

1　選択の基準

任意回収と法的手続とのどちらかを選択する場合の基準として、以下の要素が考えられる。

①相手方に支払いの意思があるか
②相手方に換価可能な資産があるか
③相手方に担保提供の意思があるか
④相手方が事業継続しているか
⑤相手方に将来的な事業継続の見込みがあるか
⑥強引な回収によるレピュテーションリスクがないか

これらの事情をもとに、総合的に判断することになるが、各要素の有無であらゆる事案に共通する結果が出ることはないということに注意すべきである。

たとえば、上記①の相手方に支払意思がある場合は、任意回収の方向に傾くが、支払意思があっても、現状、支払いに充てる資金がなければ（そして、上記②の換価可能な資産があれば）、法的手続に進まざるをえない。

2 債権回収は時間との勝負！

依頼者からの依頼は債権の回収なので、ベストは全額、全額でなくてもできるだけ多くの金額を回収できる方法を考えるのが原則である。したがって、今後どのような対応をするかは、まず、「回収できる金額が大きくなるのはどのような方法か？ その金額は確実に回収できるか？」ということを検討することになる。これまで収集した資料、事情聴取した情報をもとに、どの方法をとれば回収できる金額が大きくなるかを考えることになる。

回収する金額の大きさと同様に重要なポイントは、「早期の回収ができるのはどのような方法か？」である。支払うべき債務を支払っていない取引先は、支払能力がない＝支払いたいが支払えない場合であり、このような状態に陥っている企業は、業績が一気に回復するなど特異な場合でない限り、今後も支払いがなされない可能性が高いといえる。そうであるなら、時間をかけて最大限の回収を図る方針を立てた場合に、時間をかけることによって取引先の収支がさらに悪化し、資産も毀損してしまい、最終的にまったく回収できなくなるおそれさえある。また、ある程度の回収すべき現預金、資産があったとしても、金融機関、公租公課（税務当局)、他の取引先などほかに債権者がいる場合、早期に回収を図らないと、これら他の債権者に債権回収を先んじられてしまう。

以上から、回収する債権額の最大化を図ることを基本にしつつも、早期に回収することを意図し、早期に回収を図らないと取引先の業績悪化、資産毀損、他の債権者への支払いがなされるおそれがある場合は、回収債権額の最大化よりも、たとえ金額が減少しても早期に回収することを優先する、という方針をとることになる。

3　方針決定の道しるべ

債権回収の方法として、取引先と交渉して支払額、支払条件などを協議するという任意交渉の方法と、不動産や債権等取引先の資産の保全手続および民事訴訟手続などの裁判手続をとる方法と、大きく二つに分かれる。

まず、①交渉で取引先の任意の支払いを求め、②決裂した場合には裁判手続（差し押さえるべき資産があれば保全手続を行う）という方針をとることが一般的だろう。任意交渉は裁判手続と比較して、時間、費用、労力いずれも少なくすむ。まずは任意交渉で回収できる可能性があるかどうかを検討することになる。

また、換価すべき資産を有していない債務者が一時的に資金ショートになっているような場合で、正常な資金繰りができるようになりさえすれば任意の支払いをする見込みがあるときは、任意交渉を粘り強く続けることも選択肢となる。このような場合、法的手続をとることによってかえって債務者の態度を硬化させ、勝訴判決を得ても強制執行の対象となる資産がなく、回収につながらないこともあるからである。最終的に債務者を倒産に追い込む結果となり、業界からの評判（レピュテーション）が落ちるだけ、となることさえある。

4　任意交渉を経ずに裁判手続を行う場合

それでは、任意交渉を経ずにいきなり裁判手続をとる場合はどのような場合だろうか。事案によって様々だが、以下のような事情があれば、いきなり裁判手続をとる方向に傾きやすいといえる。

(1)取引先の支払拒絶の意思が固い場合　任意交渉をしても、支払う可能性がほとんどない場合である。支払う資金が手元にない、という場合が典型である。ただし、遅滞に陥った債務者は支払えないという弁解をすることが通常であり、必ずしも拒絶の意思が「固い」とは限らない。まずは任意交渉を試みるべきである。

もっとも、支払拒絶の意思を示していて、めぼしい資産のない取引先の場合、いきなり裁判手続を行うということにも意味がある場合がある。苦境に陥っていて、多数の債権者がいる取引先は、限りある資金を債権者の返済に充てるにあたって、「優先順位をつけて支払っている」ことが通常である。たとえば、事業を継続するために必要不可欠な仕入れをしている取引先には、優先的に資金を回していることが通常であろう。そういった場合に、任意交渉でなく裁判手続をとって「資金支払いの優先順位を上げる」ことが考えられる。

(2)継続的取引の場合で遅滞額が大きい場合　継続的取引の場合、支払遅滞が複数回に及び、また、金額も多額になった場合、取引先は支払いを「あきらめる」ことがある。金額が支払いきれないほど大きくなると、少しずつ払っても金額が減らないと考えると支払う気持ちがなくなることがある。このような気分に陥った債務者に、法的手段をとることによって「債務は支払わなければならない」という意思にさせるのである。

他方で、（債務者の側からみて）法的手段をとられると、完全なあきらめの状態になり、居直られるおそれもある。

債務者が換価価値のある資産を保有している場合、法的手段をとることにより資産が換価されてしまうというプレッシャーを与えて返済を促す、という場合に裁判手続は有用である。

(3)資産散逸のおそれが高い場合　取引先の情報を収集した際、保有している資産を次々と処分している、といった情報がある場合に、時間をかけて交渉して任意に支払わせる合意を得ても、その時にはすでに資産がすべて処分されてしまっており支払う原資がなくなっている、という場合も考えられる。このような場合は、裁判手続、それも資産の保全手続を行ったうえで、本案訴訟を提起して債務名義を得て、保全した資産から債権を回収するという方法をとることになる。

(4)換価が容易な資産がある場合　大口の売掛先の情報を把握している場合や借入金と相殺されるおそれのない預金債権が判明している場合など、容易に資産から債権回収が見込まれる場合は、保全手続を経たうえで本案訴訟を提起し債務名義を得て債権回収を図る場合がある。

他方で、売掛金や預金の仮差押えは、取引先の信用不安をもたらし、取引先の経営破綻のきっかけにもなりうる。その結果、取引先が破産した場合は債権回収にも影響が出るので、この点注意すべきである。

【 ***Answer*** 】

方針を決定する際に、回収金額の最大化だけでなく、早期回収により得られるメリットを十分検討しているかどうか、確認する。任意回収か法的手段かは、①支払意思、②資産の存否、③担保提供の意思の存否、④現状事業継続しているか、⑤将来的な事業継続の見込み、⑥強引な回収によるレピュテーションリスクの存否、などの諸要素を総合的に検討して判断する。

債権回収方法として、任意交渉を先行させ、任意交渉が決裂した場合に法的手続をとることを原則としつつも、取引先の支払拒絶の意思、遅滞額、資産散逸のおそれがあるかどうか、換価が容易な資産があるか、などを検討して、任意交渉を行わずに法的手続に入ることも検討する。

6…書面による催告

Case

支払いを拒絶し続ける債務者Ｂ社への対応として、債権者Ａ社と方針を検討した結果、まずは催告書を送付することになった。催告書を送付する場合、どのような内容の催告書にすべきか、どうすれば効果的な催告書（債務者が履行する気持ちになる催告書）になるのか。

…

ノボル：先輩。Ｂ社への催告書を起案したので見てください。

姉　弁：どれどれ。…また随分と高圧的に書いたわね。弁護士名でここまで書かないとダメな相手なの？

ノボル：え、どういうことですか。催告書は弁護士名でビシッと厳しく書いたほうが、払ってくれると思うのですが。

姉　弁：厳しくといっても、「貴社の行為は詐欺罪に該当する。」はやりすぎじゃない？ 本当に詐欺罪の構成要件に該当するの？

ノボル：該当する可能性もゼロではないと思うんですが…。だって「刑事告訴」って書いたほうが迫力が出ますよね。

姉　弁：そんな不確実なことで「迫力」出そうとしないでよ。それに、必ずしも厳しいのがいいとは限らないわよ。お金があるのに払わない不誠実な相手なら厳しさも必要だけど、事情によっては本人名でソフトに出すほうがいい場合もあるし。作戦によるわね。どう進めたいの？

ノボル：もちろん、催告書を見て任意に弁済してもらえるのが一番です。

姉　弁：弁護士名の通知は、相手が「宣戦布告」と受け取って態度を硬化させることが多いけど、そのリスクは考えた？ Ａ社の担当者の意見はどうなの？ 会社名の催告書では効果がなかったのかしら？

ノボル：A社からはまだ普通の請求書しか出していません。担当者は、B社も支払えなくて困っていると言っていました。じゃあ、少し待ってあげるように書き直そうかな。

姉　弁：待ってあげるって、弁済期を変更するっていうこと？ あとで訴訟になったとき、弁済期としてどの期日を訴状に書くつもり？

ノボル：ええっと･･･そこまでは考えていませんでした。ふわっと柔らかく書けばいいかなって。

姉　弁：表現を柔らかくするのと内容を曖昧にするのとは別でしょ！ 目先のことだけでなく、事件が動いていく先までイメージしなさい。まずは作戦として「北風」と「太陽」どちらで行くか、担当者とよく相談しなさい。

ノボル：わかりました。

姉　弁：あわせて送付方法も検討してね。

ノボル：送付方法って、郵便じゃないんですか？

姉　弁：郵便だって、普通郵便、内容証明郵便、特定記録、配達証明付き、書留、簡易書留、レターパックなど、色々な種類・送り方があるでしょ。はい、それぞれの違いは？

ノボル：えーっと･･･。すみません、あとで調べておきます･･･。

Check List

□請求債権は特定できているか〔→ 1(2)〕
□支払期限等、契約条件は確認したか〔→ 1〕
□記載内容に客観的な根拠があるか〔→ 1(4)〕
□表現は威圧的でないか〔→ 1(4)〕
□本人名での請求書（催告書）は送付したか〔→ 2〕
□支払いをしない理由がわかっているか〔→ 2〕
□差出人は本人名と弁護士名のどちらがよいかを検討したか〔→ 2〕
□相手方が弁護士を依頼することのデメリットはないか〔→ 2〕

□郵送方法は、受け取った事実が証明できるものか〔→ 3(1)〕
□郵送方法は、費用と内容が適切か〔→ 3(3)、4〕

［ 解 説 ］

1 催告書に記載する内容

(1)訴状のイメージをもつ 催告書を作成するにあたっては、将来訴訟になった場合の訴状をイメージしておくことが大切である。これを行わずに漫然と催告だけを行うと、後日「これを書いておけばよかった」とか「支払いを猶予すると書いた結果、支払期限が不明確になってしまった」という問題が生じることがある。

あらかじめ訴状をイメージしてそれに沿った請求をすることにより、要件事実を漏れなく記載することができるし、後日の手続もスムーズになる。

(2)請求債権の特定 相手方に対して請求する債権を特定することは催告の大前提である。

特に、相手方との間に複数の取引があるようなときは、他の債権と区別できるよう、どの取引から発生したどの債権を請求するのかを明確にして記載する。これを怠ると、請求による期限到来が認められないとか、時効完成猶予の効果が得られないという可能性がある。

売買代金の請求であれば目的物を特定することになるが、商品が多数であるときや、同一商品の多数の取引のうちの一部であって製造番号・ロット番号などを詳細に記載する必要があるときは、適宜別表を利用するとよい（ただし3(2)で後述する内容証明郵便では書式に制限があるため別表を使用できない場合があるので注意する）。

(3)請求の意思 催告書を作成するときに「支払いを求める」という意思を書き漏らすことはないと思われるが、もともと支払期限が定められておらず「請求」が期限到来の要件となっているようなケースでは、請求の意思を表示したことが基礎となるので、特に意識して記載するべきである。

なお、依頼者が「場合によっては分割払いを認める」旨の意思を示している場合であっても、最初から「分割払いにも応じます」といったように記載してよいかどうかは慎重に検討すべきである。一般的には、最初の催告書ではあくまで「即時に一括」での支払いを求め、そのうえで「話し合いでの解決を希望するときは至急連絡をされたい。」というように記載し、「話し合いにも応じるつもりがありますよ」という譲歩の可能性を示すことが多いと思われる。

(4)留意すべきこと　催告書を送ることによって、できるだけ任意に支払ってもらいたいという気持ちから、その表現が行きすぎてしまうことがあるので注意すべきである。

もちろん、弁護士が介入して文書を送付するからには、相手方に何のインパクトも与えないような「普通のお手紙」では意味がないから、ある程度の心理的圧力をかけたいという気持ちは当然ある。しかし、「裁判」とか「刑事責任」という言葉は相手に恐怖心を与える可能性があることを忘れてはならない。

たとえば「支払いがないときは、裁判手続により民事・刑事上の責任を追及させていただきます。」というような表現はありがちだが、本当にそのような責任追及が可能といえるのか、常に振り返る必要がある。

最近では、相手方に対する文書に「刑事責任」とか「あなたの行為は○○罪に該当する」などと記載したことを理由に相手方から懲戒請求が申し立てられる事例もある。少なくとも「○○罪に該当する」といった表現は、(依頼者の話だけでなく) 客観的根拠に基づいて当該犯罪の構成要件に確実に該当するといえる場合に限定すべきである。

なお、誤字・脱字があると催告書の迫力が削がれるので、上述した内容の適切性に加えて形式面のチェックも必ず行うこと。たとえば夜に作成した書面は翌朝もう一度読み返すとか、発送前に事務局に読んでもらうとか、冷静になる時間を作るとよい。

2　催告書の差出人

差出人は「依頼者本人名」または「代理人弁護士名」のいずれかを選択する必要がある。代理人弁護士名の文書は「わざわざ弁護士を依頼して本件債権回収に取り組んでいる」というこちらの「本気度」が伝わるので、相手方に対する心理的な圧力は高まるといえる。相手が依頼者をナメて支払いをしないようなケースでは、弁護士名の文書を出すだけで相手が慌てて支払ってくることもある。

他方、相手方によっては弁護士からの通知を「威圧的」とか「喧嘩腰」と捉えて感情を害し、かえってその後の話し合いが難しくなってしまうケースもある。また、弁護士名の文書を受け取ると多くの場合は相手方も弁護士に相談するので、それも想定しておく必要がある。

本人同士ならスムーズに進むことも弁護士が関与することによってかえって事態が大きくなってしまうことはよくある。それでは早期に最大限の回収を図るという依頼者の目的にそぐわない結果になってしまう。

このように、弁護士が関与して催告書を送付する場合であっても、必ずしも差出人が弁護士名である必要はないので、それまでの交渉経緯や相手の性格、不払いの理由などにより、その事案に合った方法を選択すべきである。

3　郵送方法の種類

意思表示は原則として相手方に到達することにより効力が発生する（民97）。そして、催告書は相手方を債務不履行にしたり、期限の利益を喪失させたりする法的効果を生じさせる意思表示であり、債権回収にとっては重要な意味をもつ。したがって、催告書を送付する場合は、後日の紛争に備えて少なくとも「相手方が催告書を受け取ったこと」を証明できる方法をとることが必要である。日本郵便が提供しているサービスは多様であるが、以下、代表的な方法について解説する。

(1)配達証明　配達証明とは、一般書留の郵便物を配達した事実を日本郵便が証明するサービスである。日本郵便から差出人に配達日時を記載したハガキが返送されるので、このハガキにより配達日と配達の事実を立証することができる。

書留郵便とは、引受けから配達までの送達過程が記録され、破損・紛失の場合に実損額の賠償を受けられる方式である（賠償限度額が低い簡易書留もある）。配達に際し受領印の押印または署名を要する。

書留郵便はオンラインネットワークでの郵便追跡システムにより配達状況を確認することが可能なので、この配達状況を表示した画面をプリントアウトして配達の事実の証拠とすることも可能であるが、この追跡システムが利用できるのは差出しから100日（国際郵便物は12か月）という制限があることに注意が必要である。裁判実務では配達証明のハガキを送達の証拠とすることが一般的である。

(2)内容証明　内容証明とは、差し出した文書の写しを日本郵便が保管することにより、いつ、いかなる内容の文書を誰から誰に対して差し出したかということを日本郵便が証明する制度である。一般書留郵便に適用される。内容と差出日が証明されるので「確定日付のある証書」（民467②）として認められる。

内容証明には、郵便局の窓口で差し出す方法と、インターネットを通じて発送する電子内容証明サービス（e内容証明）とがある。

前者は、手書きでの作成も可能であるが、字数・行数の厳密な制限や契印の押印、写しを3通作成するといった手間がかかる。差出人は印鑑を押印するのが一般的である。

後者は、所定の様式の文書をアップロードすれば日本郵便が専用の用紙に印刷して封入・発送してくれる。書式制限も緩やかで、事前に利用登録をしておけば24時間いつでも差し出せるという利便性がある（対応OS、ブラウザは要確認）。また料金も安い。ただし印鑑を押印することはできない。

利便性では後者に軍配が上がるが、「朱肉の印鑑が押された文書」が、文書を受け取る側に与える心理的影響は小さくない。そのため、受け手によってはe内容証明ではなく通常の内容証明郵便による「朱肉の印鑑が押された文書」のほうが効果的な場合もある。

(3)選択のポイント　郵送方法は、当該催告について後日紛争が生じた場合に備えて、「内容」「相手が受け取ったこと」などをどの範囲で証明する必要があるか、という観点から選択することになる。

たとえば、催告書を送付する際は、書留＋内容証明＋配達証明を利用することが多い。これにより「請求した内容」「請求の日」「相手に到達した日」がすべて立証できるからである。

ただ、前述のように、表や図面など内容証明に適さないものもあるので、その場合は「内容を証明されること」とどちらを優先するのかを検討する必要がある。

4　相手方が催告書を受け取らない場合

書留のように相手方の受け取りが必要な配達形式の場合、相手方が不在だと配達ができない。不在の場合は郵便受けに「不在連絡票」が投函されるが、相手方が期間内に連絡をしないと留置期間経過により差出人に返送されてしまう。相手方がわざと受け取らないときは、何度繰り返しても同じなので、別の方法によるべきである。

相手方の郵便受けへの配達を証明してくれる方法として「特定記録郵便」がある。これは、郵便物の差出しが記録され、配達状況がインターネット上で確認できて、郵便物は相手方の郵便受けに配達されるという制度である。ただしインターネット上での追跡システム利用には前述のように100日という制限があるので、この期間内に配達状況をプリントアウトしておくことを忘れないようにする必要がある。

この方法によったとしても、証明できるのはあくまで「郵便受けに入ったこと」までなので、相手方から「郵便受けに入っていたとしても自分は見ていない」という反論がなされる可能性はあるが、郵便受けは通常、相手方の「支配圏内」と評価できる。このような場合は「相手方が正当な理由なく意思表示の通知が到達することを妨げた」(民97②) に該当するので到達したものとみなされる、と主張することになる。

なお、日本郵便の「レターパック」のうち、「レターパックプラス」(赤色) は対面配達で受領印をもらう方式であり、「レターパックライト」(青色) は特定記録郵便同様、相手方の郵便受けに配達する方式である。いずれも追跡システムに対応していて配達状況が確認できる。

このような郵送方法は、相手方との関係のみならず、たとえば依頼者との間での「送った・送らない」の紛争も回避することができる。特定記録郵便は料金も安い (160円) ので、有効活用したい。

【 *Answer* 】

これまでの交渉経過や受け取る側の性格にもよるので、「効果的な内容」といっても様々である。差出人や郵送方法も事案に応じて使い分ける必要がある。時間に余裕があれば、まず本人名の通知、次に弁護士名の通知と段階を踏んでもよい。

弁護士名で書くときはつい語調が強くなりがちなので注意が必要である。使い慣れている「支払わないときは所要の法的手続をとる」といった表現も、相手によっては威圧的に受け取られることもある。

いずれの場合も、出す書面は後日裁判で証拠になることを考え、債権の特定や債権者の意思内容は明確に記載しなければならない。

7…任意の交渉

Case

法的手続をする前に、ノボル弁護士が債権者A社の代理人として、債務者B社との間で任意交渉をして、B社に弁済を促す、あるいは、長期弁済の場合は担保を徴求するという方針をとった場合、ノボル弁護士としては、どのようなことに留意すべきか。

•••

ノボル：昨日、A社の担当者と一緒にB社に行ってきました。

姉　弁：あら、お疲れ様。どうだった？

ノボル：こっちは、先に一部支払ってくれればあとは数か月待ってもいい、って提案したのに、B社の担当者は「払えなくてすみません」と言うばかりで、具体的な弁済案を出してくれないんですよ。工場は立派な建物だし活気があるし、払えないというのはウソじゃないかと思ったので、4時間ほど粘ったんですが。

姉　弁：4時間！ それはちょっと粘りすぎじゃない？ 帰ってほしいって言われなかったの？

ノボル：それっぽいことは言われましたけど、こっちも忙しい中わざわざ来てるんだ！って言い返してやりました。机を叩いて「裁判にしてもいいんだぞ！」って言ったら、驚いていましたよ。

姉　弁：まったく、何やってるのよ･･･。

ノボル：あ、でも収穫もあったんですよ。A社の工作機械は電子基板を取り外すと動かせなくなるので、「引き渡した機械を確認したい」と言って見に行ったとき、A社の担当者が一度基板を取り外したんです。そうしたら、先方は真っ青になって「それだけは勘弁してください。明日必ず100

万円だけは支払います」って言ってくれました。さっき、100 万円の入金があったと報告があって、担当者も喜んでいました。次回もこの手で行こうかと思います。

姉　弁：ちょっと待って、めまいがしてきたわ…。勝手に取り外しちゃマズいでしょう。あなた、そんなことして懲戒されても知らないわよ。

ノボル：そりゃ、ちょっと強引かもしれませんけど、やったのは A 社の担当者で、僕じゃないですから。大丈夫じゃないですか。

姉　弁：全然大丈夫じゃないわよ！

Check List

□面談での交渉を行う場所はどこにするか〔→ 1(1)〕
□債権者側は誰が出席するか〔→ 1(2)〕
□債務者側は誰に出席してもらうか〔→ 1(2)〕
□面談の際にどんな情報を収集できるか〔→ 2〕
□主な取引先や取引銀行、会社施設について質問したか〔→ 2〕
□交渉の記録をどのように残すか〔→ 3(1)〕
□録音する・録音されることを検討したか〔→ 3(1)〕
□回答を待つ場合、回答期限を決めたか〔→ 3(2)〕
□回答期限前に確認の連絡を入れたか〔→ 3(2)〕
□債務を確認する書面を取得したか〔→ 3(3)〕
□回収行為は自力救済にあたらないか〔→ 4(1)〕
□言葉遣いや態度は適切か〔→ 4(2)〕
□依頼者本人も違法な行為を行っていないか〔→ 4(3)〕

[解説]

1　交渉の進め方

(1)場所　交渉の場所は（ホーム・アウェイとまではいかなくても）ある程度は交渉そのものに心理的影響を及ぼすので、できれば「自分のほう」にもってきたほうがよい。債権者の会社事務所や弁護士事務所が考えられる。双方に弁護士がついているときは弁護士会の面談室を利用することも多い。これは立場や経験が違っても「対等の立場で話し合いをする」という弁護士カルチャーでもある。

債権回収の場合は債権者の立場が強いので「こっちへ来い」と呼び寄せることを考えがちであるが、支払いが滞っている債務者は仕事も取り込んでいることが多く、予定の調整に時間がかかることもある。債権回収は時間との勝負でもあるので、時間がかかるようなら先方に直接出向いたほうが早い。そのようなときは場所にこだわらず柔軟に動くべきである。

(2)出席者　債権者側は、弁護士だけでなく取引の実態がわかっている担当者を同行させるべきである。交渉の場で先方から何らかの反論・抗弁が出た場合、当該取引の実情に精通している者がいないと「持ち帰って確認します」ということになり時間ばかりかかってしまうからである。

債務者側には、担当者のみならず支払いについての決定権・代表権のある者を同席させるよう求める。そうでないと「社長に聞かないとわかりません」「持ち帰って検討します」ということになり、時間稼ぎを許すことになってしまうからである。そのような言い訳を事前に封じるのが望ましい。

2　今後のための情報収集

任意の交渉は、双方とも「話し合いにより円満解決をしたい」と考えていることが前提だから、基本的に双方とも歩み寄りの姿勢をもって臨むはずである。そのような場で、質問に対して「それは教えられない」などと回答すると雰囲気が悪くなるので、通常はこれを避けようとする。「まとめたい」という意向が強ければ強いほど、質問には答えてもらえることが多いから、債権者としては、債務者の資産についての情報を得るチャンスでもある。

債権者としては、この機会を利用して、任意の交渉が決裂したり合意が履行されなかった場合に備えて強制執行が可能な資産の情報を得たいところである。取引銀行（預金）、取引先（債権）、営業所や倉庫（不動産、商品）のほか、社員寮や保養所、ゴルフ会員権など通常の取引では情報が出てこない資産についても目配りをする。なお不動産は賃借物件であっても敷金に価値がある場合もある。

ただし、あまりに露骨に根掘り葉掘り聞くと「これは話し合いで解決する気はなく、情報収集に来たのだな」と警戒されるので、雑談の中でさりげなく聞き出せるとよい。雑談力は大切なのである。

3　交渉時の留意事項

(1)記録化（議事録、録音）　交渉に臨む人数は、できれば複数が望ましい。上記の「弁護士と担当者」という意味ではなく、「話す人とメモする人」のように分業ができるからである。また、複数名で記録・記憶することにより「言った・言わない」の紛争を予防する意味もある。

記録化という点では、交渉内容を録音する方法もある。録音は「今から録音しますよ」と断ってするのがマナーではあるが、相手方に無断で行った録音であっても必ずしも証拠能力が否定されるわけではない。ただ、無断で録音していることが途中で相手にバレると非常に気まずいことになる。そのために強気の交渉ができなくなったり、信頼関係が崩れて交渉が決裂するリスクもあるので、録音の必要性は慎重に検討すべきである。

また逆の立場から言うと、交渉に際しては「相手が会話を録音しているかもしれない」ということは常に気にしておく必要がある。最近はごく小さな録音機器やスマートフォンの録音機能を利用して録音することが簡単になっている。頭にきて口調が荒くなるようなときも、「これが録音されているかもしれない」と思えば冷静になれるものである。

(2)引き延ばしの防止　債権者は「早く結論を出したい」と思うのに対し、債務者が引き延ばしを図ろうとすることがある。これは、単に支払資金が手元にないからということもあろうし、破産や民事再生などの法的手続を準備中であってその申立てまで時間を稼ぎたいという場合もある。後者の場合、法的手続が始まってしまうと回収が困難になるので、債権者としてはその前に少しでも回収を図る必要がある。

引き延ばしを防止する方策として、まずは**1**でも述べたように、決定権のある者を交渉に同席させること。これにより「この場で回答してください」ということが言える。

やむをえず「検討して後日回答する」となった場合も必ず「いつまでに」という期限を切る。そして、期限の前日にこちらから連絡を入れて「お約束のご回答期限は明日ですが」などと注意喚起することによって、相手は回答期限を破りにくくなる。細かいことだが、このような事前連絡は意外に効果がある。これをせず単に待っているだけだと、期日に連絡がなく、翌日になって連絡をして「どうなりましたか？」「すみません、まだ結論が出ていません」というやりとりをすることになり2日もロスしてしまうので、面倒でも事前の連絡はしておくとよい。

(3)債務の確認　債権の回収を求めての交渉であるから、返済の時期・方法について合意ができるのが望ましいが、それが無理なときでも、最低限債務の確認だけはしておくべきである。

任意の交渉が決裂したあと、いざ法的手続に入った段階で相手方が何らかの抗弁を持ち出してくることはよくある。商品に不具合があったとか支払延期を了解してもらっていたとか、そのほか想定外の反論を受けることもまれではない。債務の内容を確認しておけば、そのような紛争を避けることができる。また、時効との関係でも「債務承認」があったとして時効の更新事由となる。

債務者が弁済について明確な回答をしないときであっても、債務の内容だけは確認してくれることもある（それをイヤだという合理的理由を見いだすのは難しいはずである）。

これは、特別な合意書を作成しなくても、こちらが出した請求書の余白に「上記請求内容に間違いありません」と記載して日付と署名捺印をしてもらうなどの簡易な方法であってもよい。なおその場合、担当者の印でよいかという問題はある。理想的には代表者の印であるが、上述した紛争予防という観点からは、担当者印でもあるに越したことはない。

なお、債務承認が得られない場合であっても、「権利についての協議を行う旨の合意」を書面で行えば、時効の完成猶予事由（民151①）になるので、すぐにあきらめず、何らかの書面を取得するよう努力すべきである。

4 違法行為を行わない

(1)自力救済の禁止 Caseでは、債権者が債務者の使用している工作機械の基板を勝手に取り外すという行為を行った。これは、器物損壊罪や威力業務妨害罪にも該当しうる違法な行為といわざるをえない。債権者としては債務者の対応に業を煮やして、やむなくこのような実力行使に出たのだとしても、現在の法治国家ではこのような行為は許されないことに注意すべきである。

「自力救済」とは、一般的に、権利を侵害された者が司法手続によらず実力をもって自己の権利を回復（救済）する行為をいう。自分が盗まれた物を発見して取り返すとか、建物賃貸借契約で賃料滞納により契約を解除した貸主が居室の鍵を替えたり居室内の動産を勝手に処分するといった行為が典型例であるが、その態様は様々である。

自力救済については「私力の行使は、原則として法の禁止するところであるが、法律の定める手続きによったのでは権利に対する違法な侵害に対抗して現状を維持することが不可能または著しく困難であると認められる緊急やむを得ない特別な事情が存する場合においてのみ、その必要の限度を超えない範囲内で、例外的に許される」とした判例がある（最判昭和40・12・7民集19巻9号2101頁）。ただし、この判例も当該事件の自力救済行為については「許容されない」という結論をとっており、自力救済は原則として違法であり許容されるのは極めて例外的な場合であるということでその後の裁判例も一貫している。

なお、**Case**において、仮にA社とB社との売買契約に所有権留保特約があり、代金が完済されるまでは当該工作機械の所有権がA社にある場合であっても、勝手に機械の基板を取り外すことは許されない。この場合でもB社に占有権・使用権が認められ、これを侵害することになるからである。

(2)暴言や脅迫　債権回収の交渉場面では、支払いをしたくない相手に支払いをさせようとする以上、ある程度の対立が生じることは必然である。「払えません。帰ってください」と言われて素直に引き下がっていたのでは交渉に赴いた意味がない。とはいえ、「粘り強い交渉」「強気な交渉」がどこまで許されるのかは程度問題である。弁護士としては、依頼者の利益を守ろうとするあまり（また相手方の不誠実な態度に対する憤りから）感情的になってしまうこともあるが、常に自己の行いを客観視して、その業務が違法に至らないよう注意する必要がある。

Caseでノボル弁護士は「4時間居座る」「机を叩く」「裁判にしてもいいんだぞと言う」などの行為をしている。これらの行為は、いずれも直ちに違法とまではいえないとしても、一歩間違えば不退去罪、暴行罪、脅迫罪等に該当する可能性のある行為である。たとえば「裁判にする」という発言が「民事訴訟を提起する」という意味であれば債権者の正当な権利実現手段であるから通常は「害悪の告知」（刑

222）にはあたらない。しかし、（詐欺罪は成立しないのに）「詐欺罪で告訴して刑事裁判にしてやる」というような意味であれば、言われたほうは「自分は逮捕されるのだろうか」と考えて畏怖する可能性もあるであろう。このように、発言はその内容だけでなく口調や発言者の属性・相手との関係性も含めて解釈される。

また、当該発言や行為が犯罪には至らなくても、弁護士としての品位を失うような発言・行為であれば懲戒処分の対象となる可能性もある。たとえば、相手のことを「おまえ」や「てめえ」と呼んだり、至近距離から大声で怒鳴りつけたりすれば、発言内容自体が適切であったとしても品位に欠けると判断されることもあろう。

感情的になりそうなときは、前述したように「録音されているかもしれない」ことを思い出すと冷静さを取り戻すことができる。

（3）違法行為の助長　弁護士職務基本規程（14条）では「弁護士は、詐欺的取引、暴力その他違法若しくは不正な行為を助長し、又はこれらの行為を利用してはならない」と定められており、弁護士自身が主体的に違法行為を行った場合のみならず、他人の行う違法行為を助長・利用した場合もその責任を問われるとされている。実際には、積極的に「助長・利用」していなくても依頼者の自力救済行為を「知りながら是正しなかった」とか「黙認した」程度でも懲戒されている事例もある。また、より積極的に弁護士に違法行為阻止義務を認め、違法行為を知りつつ黙過した弁護士に対する損害賠償を認めた裁判例もある（東京地判昭和62・10・15判タ658号149頁）。したがって、**Case**にあるように依頼者が違法な自力救済行為を行おうとする場に居合わせたときは、「依頼者のやることだから自分には関係ない」という態度でいることは許されず、違法行為をやめるよう強く制止する必要がある。万一、制止したにもかかわらず依頼者が違法行為を強行するような場合は、自分が制止したことを録音・録画等で証拠化しておくことも必要になろう。

【 *Answer* 】

任意交渉においては、単に支払条件についての話し合いをするだけでなく、相手方の経営状態や保有資産などできるだけ多くの情報収集をするよう努めるべきである。

時効対策として、何らかの書面はとりたい。

また、交渉の場では回収を急ぐあまり不当な発言（脅迫的言辞や品位を欠く内容）や、自力救済等の違法な行為をすることがないよう留意する。当事者が違法な行為をしようとするときはこれを阻止するよう努めることが望まれる。

8…相殺・担保からの回収

Case

ノボル弁護士が債権者A社の代理人として債務者B社と任意交渉した結果、B社は、手元資金がないため一括弁済はできないが3年程度の分割弁済であれば可能であると回答するに至った。ノボル弁護士は、A社にこの条件で応諾すべきとアドバイスすべきだろうか。長期分割の弁済となる債権を保全するにはどのような方法があるか。

また、B社は「現金を支払う」以外で何かA社にプラスとなることがあれば何でも協力すると述べている。B社が、A社に対して反対債権を有していた場合や、B社がA社も使える工作機械を渡すと言ってきた場合、A社はどのような対応をすべきか。

• • •

ノボル：B社から、3年間の分割なら支払うと返事がありました。これで回収できますね。無事解決でよかったです。

姉　弁：ちょっと待ってよ、全然解決してないでしょう。3年間、本当にちゃんと支払いを続ける保証はあるの？ 長期分割という譲歩をするなら、その分支払いを確実にしておかないと。担保設定の話はしてる？

ノボル：B社は不動産をもっていません。連帯保証人をつけることは、取引開始の時に断られたと聞いています。

姉　弁：担保にできるのは不動産だけじゃないでしょう。それに、取引開始の時は対等だったかもしれないけど、今の力関係はこちらが上なんだから強く要求できるじゃない。誰か保証人に適切な人はいる？

ノボル：社長ですかね。

姉　弁：う～ん。社長は会社と一蓮托生のことが多いから、できれば社長以外がいいけどね。不動産以外にはどんな資産があるの？

ノボル：不動産以外は考えていませんでした。調べてみます。

姉　弁：あと、3年間の分割は決して短くないから、今回収できる分は少しでも回収して、分割額を減らす努力も必要よ。たとえば反対債権はないの？

ノボル：あ、B社が作っている部品を一部A社でも買っているみたいです。

姉　弁：その代金が相殺できるじゃない！ 会社が大きいと担当部署が違うこともあるけど、相殺のチェックは怠っちゃダメよ。

ノボル：わかりました。あ～、最初からB社の不動産に抵当権でもつけてあればすぐ競売して回収できたのになあ。

姉　弁：回収だけを考えればそうかもしれないけど、そんな単純でもないわよ。本社が競売になったらB社は潰れてしまうでしょう。今、支払えない理由が一時的なものなら、営業を継続してもらって取引を継続したほうが、長い目で見ればA社のために良い場合もあるんじゃないかしら。

ノボル：じゃあ不動産の担保をもっていても、本当に相手が潰れたときしか意味がないっていうことですか。

姉　弁：そんなことないわよ。遊休資産、たとえば今は使っていない保養所とか社長の別荘とかなら売却しても事業に影響は少ないから、競売も可能でしょう。

ノボル：なるほど。そういえば伊豆の別荘の話を聞いたような気がします。

姉　弁：それ、詳しく思い出しなさい！

Check List

□債務者の営業継続の見込みがあるか〔→ **1**〕

□分割にあたりペナルティを強化したか〔→ **1**〕

□分割にあたり連帯保証人をつけられるか〔→ **2**〕

□分割にあたり担保物権を設定できるか〔→ **2**〕

□相殺可能な債権はないか（関連会社含む）〔→ **4**〕

□代物弁済に適した物はないか〔→ **5**〕
□譲渡を受ける債権に譲渡禁止特約はついていないか〔→ **6**〕
□担保権の実行により債務者に与える影響を検討したか〔→ **7**〕

［解説］

1　長期分割の場合の支払い確保

「分割で支払う」との合意ができた場合、分割期間中ずっと債務者がその合意を誠実に履行し続けてくれれば問題はない。しかし、支払いが長期になれば担当者も会社同士の関係性も会社の経営状態も変化するから、必ずしも当初の約定通りに支払いが継続されるとは限らない。

そのため、長期分割の際には支払いを確保する工夫が必要となる。たとえば、支払いを怠った際のペナルティを重く定めることも任意の支払いを促すものである。しかし、このようなペナルティによる強制は資金があるのに支払いをしない不誠実な債務者に対しては有効であるが、資金が不足して支払いたくても払えない債務者には効果がない。

長期分割の間に債務者の経営がさらに悪化して支払いが継続できなくなった場合に備えるには、何らかの担保を取得するのが有効である。

交渉において分割払いを求められたときは、適切な担保の設定を条件に分割に応じるという方向にもっていけるとよい。

2　交渉により新たに担保権を取得する

債務者の保有する資産に対して当事者の契約により設定できる「約定担保権」には次のようなものがある（担保権の詳細については第5章**3**を参照）。

- 不動産：　抵当権、根抵当権
- 動産（機械装置・商品）：　動産譲渡担保、動産質

・債権：　債権譲渡担保、債権質

また、人的担保として連帯保証人をつける方法がある。なお、保証契約については、個人が継続的契約の連帯保証人となる場合の連帯保証人保護のための制度がある。債権者としては「極度額の設定（民465の2）」や「主債務者が期限の利益を喪失したことの通知（民458の3）」を怠ると連帯保証人への責任追及ができなくなるので、取引基本契約があればその文言を見直したり、滞納時に連帯保証人に通知する作業を業務フローに含めるなどの対応をする必要がある。

さらに、主債務が事業のための貸金等であって保証人が経営者等でない場合には、公正証書による保証意思確認が必須とされている（民465の6）ことにも留意したい。

担保はいくら形式的に揃っていても価値がなくては意味がないので、資産の価値を精査して実効性のある担保を取得したいところであるが、資金不足で支払いが滞っているような会社の資産はすでに金融機関等が担保にとっていることがほとんどであるから、担保に適した資産が残っていることは多くない。だからこそ、滞納が発生する以前の平常時の担保取得が重要なのである（第5章**3**参照）。

3　金銭の支払いを受ける以外で債権を回収する方法

債権回収では、金銭の支払いを受けることが原則であり一般的にはこれが最も優先される。他方、債務者の立場からすると、そもそも運転資金が足りないから支払いができないのであるから、支払いが滞っている状況において「現金を支払う」のは最もハードルの高いことでもある。

そこで、現金以外の財産から回収を行うことも積極的に検討する必要がある。以下、項を改めて個別にみていこう。

4　相殺

債権者が債務者に対して他の債務を負担している場合には相殺が可能である。当事者が互いに同種の目的を有する債務を負担する場合に双方の債務が弁済期にあるとき（相殺適状）は、その対当額について相殺の意思表示によりその債務を免れることができる（民505）。相殺をする者は自己の債務について期限の利益を放棄できるので、弁済期は自働債権（相殺する債権）について到来していれば足りる。なお、悪意による不法行為および人の生命・身体の侵害により生じた債権や差押禁止債権を受働債権（相殺される債権）とする相殺は禁止されている（民509・510）ので、このような障害がないことが条件となる。

債権者自身が債務を負担していなくても、債権者の関連会社が債務を負担している場合には、債権を関連会社に譲渡して関連会社から相殺させる方法もある。また、債務者から商品を購入するなど別の取引を行うことにより新たに債務を負担し、この債務をもって相殺する方法もある。

ただし、債務者が債務超過となっているときにこのような方法で相殺を行うと、思わぬ第三者から詐害行為として取り消されてしまうこともある（民424）ので、そのリスクを踏まえておく必要がある（債務者が債権者と通謀して重要な財産を売却しその代金を相殺した事例（最判昭和39・11・17民集18巻9号1851頁）、債務者が債権者と通謀して第三者に対する債権を譲渡した事例（最判昭和48・11・30民集27巻10号1491頁）ほか）。

相殺の意思表示を行う場合は、内容証明郵便で相殺通知を送付するのが一般的である。相殺の意思表示には条件または期限を付することができない（民506①）ので、たとえば「いつまでに支払わないときは相殺する」などとうっかり記載しないよう、気を付けなければならない。

なお、債務者について法的倒産手続が開始された場合における相殺の可否については、第4章**2-2**を参照されたい。

5 代物弁済

弁済者が、債権者との間で、債務者の負担した給付に代えて他の給付をすることにより債務を消滅させる旨の契約をした場合において、その弁済者が当該他の給付をしたときは、その給付は、弁済と同一の効力を有する（民482）。

債務の弁済に代えて債務者の資産を譲り受けるわけであるが、この資産は、不動産でも動産でも債権でもかまわない。

代物弁済は、特に指定しない限り、給付された物の価格にかかわらず債権全部が消滅してしまうことに留意しなくてはならない（大判昭和5・5・30新聞3134号9頁）。これを避けるためには、「売買代金債権100万円のうち50万円の支払いに代えて○○を引き渡す」というように、代物弁済により消滅すべき債権の範囲を特定しておく必要がある。逆に、物の価格が債権に比して過大であるときは、超過部分について不当利得返還請求がなされる可能性もあるので、消滅する債権と代物弁済を受ける物の価格とは適切なバランスをとっておくのがよい。とはいえ、実際に債権回収の現場で物の価値を正確に査定するのは困難であるので、このあたりは上記のような問題があるということを踏まえたうえで臨機応変に対応することになろう。

民法482条は、諾成的代物弁済契約を認めているが、実際に債務消滅の効果が生じるのは「給付をしたとき」である。物であれば所有権の移転が必要となるから、不動産の場合は所有権移転登記が、動産の場合は引渡しが必要である。代物弁済を受ける「物」が債務者が第三者から購入した商品でその代金支払いが未了であるとか所有権留保が付されているようなときは、その物の所有権の帰属について紛争に巻き込まれる可能性が高いので、代物弁済を受ける物が債務者の所有にかかるものであることは確認しておくべきである。

6 債権譲渡を受ける場合

債権回収のために債務者が第三者に対して有する債権（現に発生し

ていない債権を含む）を債権者が譲り受けようとするときは、債権譲渡の対抗要件を具備する必要がある（民467）。債権譲渡の対抗要件は譲渡人からの通知または債務者の承諾であるので、債権譲渡を受けるときは譲受人が譲渡通知を作成したうえで譲渡人の署名押印を得て発送するのが便宜である。

当該債権に「譲渡禁止特約」が付されていても、債権譲渡の効力自体は妨げられないが（民466②）、債務者は、譲渡制限があることを知っていたか重過失で知らなかった譲受人に対しては履行を拒むことができる（民466③）。一般的な取引基本契約（第5章**1**参照）には債権の譲渡禁止が定められていることがほとんどなので、実際は重過失が認められることも多いであろう。

そのようなときには、債権を譲渡するのではなく、たとえば「振込先指定口座を債権者の口座にする」などの方法により事実上債権者に回収を行わせて、その後当該回収金の返還請求権と当初の債務とを相殺する方法も考えられる（回収委託は弁護士法との関係で注意が必要）。

7　すでにある担保からの回収

あらかじめ担保を取得している場合、これを実行して債権を回収する方法がある。債権譲渡担保や動産譲渡担保は担保の劣化や散逸を防ぐため早めに着手する必要性が高い。

ただし、債権譲渡担保などを実行すれば債務者の資金繰りはさらに悪化するし、本社や工場といった不動産が競売されてしまえばもはや事業を継続することができなくなる。もちろん、担保権の実行は債権者の正当な権利行使であるし、このようなときに実行してこその担保ではあるが、債権者としてはこのような担保権実行が債務者の「息の根を止める」ことになりうる点には配慮をすべきであろう。

特に債務者の事業を継続させておきたい事情があるようなときは、担保権の実行が債務者に与える影響の程度と、回収によるメリットとを慎重に検討すべきである。

【 *Answer* 】

裁判と強制執行にかかる時間・費用・労力を考えると、分割であっても任意の履行を受けることはＡ社の利益になることも多い。３年程度の分割払いならば十分検討の余地はある。

ただし、Ｂ社が営業を続けていける見込みがあることが大前提で、それに加えて適切な担保を取得しておくことが望ましい。

相殺や代物弁済は、Ｂ社に手元資金がない場合でも可能であることから有効な手段である。ただし、これらは後日、詐害行為として争われたり管財人から否認されるリスクがある。

9…合意ができたら

Case

債務者B社との交渉の結果、支払いについて合意にこぎつけることができた。ノボル弁護士は、債権者A社の代理人としてB社と弁済について合意する場合、どのような書面を作成すべきか。合意の方法は任意の書面を作成すればよいだろうか。その場合、B社の捺印は実印によるべきか。B社から合意書に捺印してもらうほか、交付してもらう書類はあるか。

•••

ノボル：先輩、B社との話がまとまりました。連帯保証人をつけたうえで分割払いです。合意書を作ったので見てもらえますか。

姉　弁：どれどれ。うん、ちゃんと期限の利益喪失条項もあるわね。内容はいいけど、この合意書を作成して完了のつもり？

ノボル：はい。これに両社の代表印を捺してもらえばバッチリですよね。

姉　弁：この約束が守られなかったらどうするの？

ノボル：え。そのときはまた請求して、ダメなら訴訟するしかないですよね。

姉　弁：それじゃあ、今回弁護士をつけて交渉した意味がないでしょう！

ノボル：あ、わかった。公正証書にしたらいいんですね。強制執行認諾します、みたいに書いてもらうやつ。

姉　弁：それも1つだけど、もし金銭以外の請求が絡むなら、即決和解という方法もあるわよ。知ってる？ 違いは言える？

ノボル：即決和解ですか。聞いたことはあるような気がしますけど、まだ使ったことはありません。なんか明渡しとかで使うやつですよね。

姉　弁：…。何でも「やつ」って言うの、やめなさい。

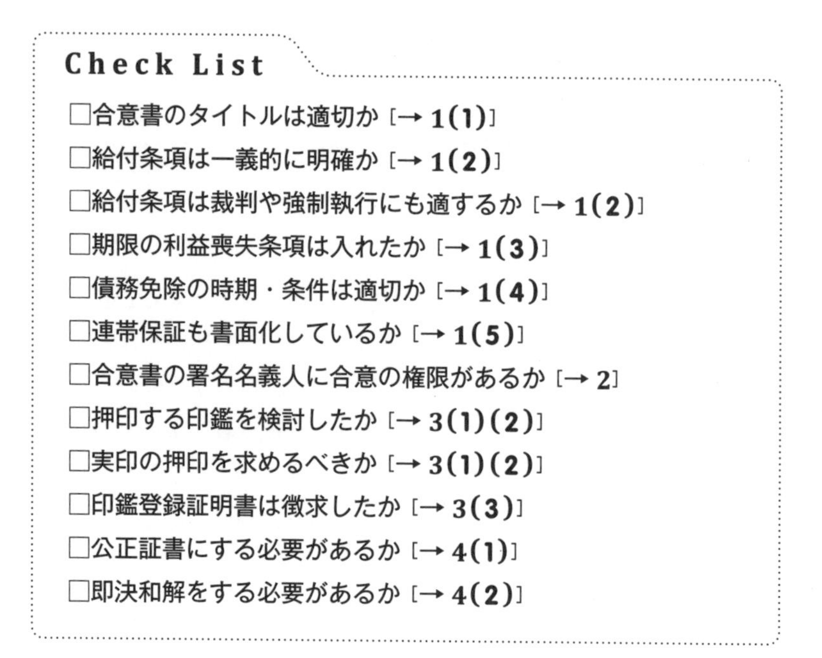

Check List

□合意書のタイトルは適切か〔→ 1(1)〕
□給付条項は一義的に明確か〔→ 1(2)〕
□給付条項は裁判や強制執行にも適するか〔→ 1(2)〕
□期限の利益喪失条項は入れたか〔→ 1(3)〕
□債務免除の時期・条件は適切か〔→ 1(4)〕
□連帯保証も書面化しているか〔→ 1(5)〕
□合意書の署名名義人に合意の権限があるか〔→ 2〕
□押印する印鑑を検討したか〔→ 3(1)(2)〕
□実印の押印を求めるべきか〔→ 3(1)(2)〕
□印鑑登録証明書は徴求したか〔→ 3(3)〕
□公正証書にする必要があるか〔→ 4(1)〕
□即決和解をする必要があるか〔→ 4(2)〕

[解 説]

1　合意書面作成時の留意点

交渉の結果合意にこぎつけたら、次は合意内容を書面化する。以下、書面作成時の注意点を述べる。

(1)タイトル　文書にはタイトルを付けるべきである。これは形式的な体裁上の理由のほか、文書にはタイトルがあったほうが後日の特定がしやすくて便利という実務的な理由もある（タイトルがないと「何月何日付け『○○○○』で始まる書面」などと特定することになって面倒である）。

Case のような債務の弁済に関する合意書の場合、「債務弁済契約書」「確認合意書」などというタイトルが付されることが多いと思われる。

「覚書」「念書」などが使われることもあるが、取引期間が長いと「覚書」が何通も作成されていたりするので混乱する可能性もある。タイトルからある程度文書の内容が推測できたほうが便宜であろう。また、合意内容が不明確で解釈に争いが生じたときはタイトルが判断基準となることもある。「準消費貸借契約」などはその旨タイトルに記載したほうがわかりやすい。

(2)給付条項　誰が、誰に対し、いつ、いくらを、どのような方法で支払うのかを一義的に明確に記載する。「これこれの債務があることを認める」という確認条項と「その債務をこのように支払う」という給付条項は常にセットとして覚えておくとよい（「……認め、……支払う。」と1つの条項にまとめて記載することも多い）。利息がある場合はこれも記載する。

給付条項は、将来の訴訟や執行に際して最も重要な部分であるから万が一にも計算間違いなどしないよう慎重に対応したい。また、振込送金による支払いの場合は振込口座や手数料負担をどちらが負担するかについても定めておくこと。

(3)期限の利益喪失条項　支払期日や分割払期日が定められている場合に、債務者が有する「定められた期日までは支払わなくてよい」という利益を「期限の利益」という。そして「分割払い中に滞納が生じたときは債務者はその後の期限の利益を失い、残債務を即時一括で支払わなくてはならない」というような内容を定める条項を「期限の利益喪失条項」という。

本件のように、そもそも支払いを遅滞していたものを分割払いにするようなときは「一度でも履行を怠ったときは期限の利益を喪失する」と定められることもあるが、一般的な分割払いにおいては、うっかり支払いを忘れたり送金手続をミスすることもありうるので、「1回の遅滞」で期限の利益を喪失させるのは厳しすぎるとして「2回以上遅滞したとき」に期限の利益を喪失させると定められることが多い。

ただ、期限の利益喪失条項にもバリエーションがあり、「2回以上遅滞したとき」「2回分以上遅滞したとき」「連続して2回遅滞したとき」「遅滞してその額が2回分に達したとき」などの例がある。頭の体操のようではあるが、たとえば、毎月10万円を支払う分割払いのケースで、①9万円だけ支払ってきたとき、②先に9万円を支払って翌月までに1万円を追加したとき、③毎月9万円を支払ってくるとき、④9万円、10万円、9万円、10万円と順次支払ってきたときなど、上記のそれぞれの条項でどの時点で期限の利益喪失になるか考えてみるとよい。実際に、分割金が一部だけ支払われることは意外に多いのである。

(4)一部免除を含む場合　債務弁済に関する交渉において一部免除が合意されることは多い。たとえば100万円の債務のうち20万円は免除するから80万円を払え、という具合である。この場合、当事者の意向はあくまで「80万円を支払ってくれるなら20万円を免除する(80万円が支払われるまでは免除しない)」ということであろうから、20万円を免除する時期の定め方に注意する。

単に合意内容を書面化しただけだと「甲は20万円を免除する。乙は80万円を○月○日までに支払う。」などと書いてしまいがちであるが、当事者の意向を正しく反映させるためには「乙は100万円の支払義務があることを認め、そのうち80万円を○月○日までに支払う。乙が80万円を約定通り支払ったときは甲は残額20万円を免除する。」というように記載しなくてはならない。前者の規定だと、80万円が支払われなかった場合でも20万円は免除されるので、請求できるのは80万円だけになってしまう。

(5)連帯保証人　保証契約は書面で行う必要がある(民446②)ので、連帯保証人をつける場合は書面の作成が必須である(次頁の**参考書式1**)。

なお、本章**8-2**でも述べたように民法465条の2以下では、個人根保証について、また465条の6以下では、事業にかかる債務の保証についてのルールが設けられている。個人が継続的契約の連帯保証人となる「個人根保証契約」については「極度額」を定めることが必須とされ、極度額の定めのない個人根保証契約は無効となる（民465の2②)。事業のための貸金債務の保証では、公正証書による保証意思確認が必要な場合もある（民465の6)。本件のように「すでに滞納となっている売掛金の回収」であれば通常これには該当しないが、「今後の取引についてすべて保証する」ようなときは継続的契約として民法に則った対応をする必要がある。

▼参考書式1　債務弁済契約書（連帯保証条項を含む）

令和　　年　　月　　日

債務承認並びに債務弁済契約書

債権者○○株式会社（以下「甲」という。)、債務者株式会社△△（以下「乙」という。)、連帯保証人○○（以下「丙」という。）は、次のとおり、債務の承認並びに債務弁済契約を締結します。

1．債務承認
甲と乙は、下記売買契約につき、現在の債務額が金○○円であることを承認します。

記

令和○年○月○日付売買契約
売主：甲、買主：乙
物件：○○○○

2．債務の返済方法
乙は甲に対し、前項の債務を下記のとおり分割して甲指定の銀行口座に振込送金して支払います。

記

令和○○年○月○日から令和○○年○月○日まで毎月末日に金○○円
令和○○年○月○日に金○○円

3．期限の利益喪失
乙が前項の支払を1回でも怠ったときは、第1項の債務からすでに支払済みの金額を控除したものについて、直ちに期限の利益を喪失するものとし、これに期限の利益を喪失した翌日から支払済みまで年10パーセントの割合の遅延損害金を加算して支払います。

4．連帯保証
丙は、本契約に基づき、乙が甲に対して現在および将来負担する一切の債務につき従来どおり乙と連帯して保証債務履行の責に任じます。

5．甲及び乙・丙は、本契約に基づく債務の弁済につき、強制執行認諾文言付の公正証書を作成することに異議がありません。

2 合意書の署名者

合意の当事者が会社である場合、合意書に署名捺印する者が会社を代表して契約を締結する権限を有している必要がある。代表権がない者による行為では会社に対して責任を負わせることができないからである。代表取締役ならば確実である。これは商業登記簿謄本（登記事項証明書）で確認できる。代表取締役でなくとも、社長、副社長など会社を代表する権限を有するものと認められる名称（肩書き）を有する役職者の行為であれば会社は善意の第三者に対して責任を負う（会354。表見代表取締役）。このほか、支配人（会11）、営業部長（会14。ある種類または特定の事項の委任を受けた使用人）など、契約締結権限を有する者もあるが、名刺に記載されている肩書きだけでは確定できないので、当該契約に関する代表権や代理権を有しているかどうか確認する必要がある。

なお、「署名」とは一般的には紙に筆記するものをいうが、「電子署名及び認証業務に関する法律」によりいわゆる電子署名が認められ、近年その利用機会も増えている。署名も印鑑も不要な電子契約サービスもあるので、代理人としては「合意書＝紙」にこだわらず、柔軟に対応できる準備をしておきたい。

3 印鑑

印鑑には、印鑑登録をした印鑑（いわゆる実印）と、そうでない印鑑がある。法人の場合、実印以外に通常の契約締結で使用する印鑑（「契約印」や「角印」などと呼ばれる）があることが多い。押印すべき印鑑は基本的に**2**で前述した署名者と連動するものであり、たとえば当該契約について支店長に代表権が認められるのであれば支店長印で足りる。

私的に作成する書面について押印する印鑑の種類に制限はないから、実印以外の印鑑（認印や三文判といわれる）でも書面の有効性に差はない。ただし、その書面の成立の真正が争われる場面では、実印と認印とではその効果に大きな違いがある。

(1)実印の威力（二段の推定）　私文書は、本人またはその代理人の署名または押印があるときは、真正に成立したものと推定される（民訴228④）。そして、判例は「文書中の印影が本人または代理人の印章によって顕出された事実が確定された場合には、反証がない限り、該印影は本人または代理人の意思に基づいて成立したものと推定するのが相当であ」るとしている（最判昭和39・5・12民集18巻4号597頁）。

そのため、文書に押されたのが本人の印鑑であれば、①文書に押されているのは本人の印鑑である→（事実上の推定）→②文書の押印は本人の意思に基づいて顕出されたものである＝文書に本人の押印がある→（法律上の推定）→③文書は真正に成立したものである、ということになる（いわゆる「二段の推定」）。

成立の真正を主張したい側からすれば、①の「文書に押されているのは本人の印鑑である」ことさえ立証すれば、二段の推定により文書の成立の真正が認められるのである。普通の印鑑ではそれが「誰の印鑑か」を立証するのは容易ではない。しかし印鑑登録された実印であれば印鑑登録証明書の印影と比較することにより、当該印鑑が本人のものであると立証することができる。これが「実印」と他の印鑑との決定的な違いである。

(2)実印の重み　上記のような紛争の場面に至らなくとも、一般的に実印は本人が所持して大切に保管しているものであり、押印するときに本人が抱く「責任感」は、認印を押印するときよりはるかに大きくなる。そのため、支払義務を自覚させて任意の履行を促すという点でも、実印の押印を求める意味はある。

(3)印鑑登録証明書　実印を押印したときには必ず印鑑証明書を添付する。印鑑証明書とセットでない実印は実印としての意味がない。なお印鑑証明書は原則として第三者が取得することができないため、捺印時に本人から提出を受けることが必須である。

会社の場合は「契約印」の利用慣行もあることから、債務者本人について実印と印鑑登録証明を要求するか否かは事案に応じて判断すればよいが、少なくとも新たに加わる連帯保証人については、常に、署名の自書と実印の押印、印鑑登録証明書の添付をセットで必須とすべきである。

4　任意の書面作成以外の合意方法

(1)公正証書　公証人が作成する公文書である。中立的立場にある法律専門家（公証人）が作成することから証明力が高く、内容についての紛争を予防できる。一般的には公証役場に赴いて作成するが、事情によっては出張して作成してもらうことも可能である。公正証書作成の目的の価額に応じた費用がかかる（ウェブサイト等で確認できる）が、それほど高額ではない。

債務者が公正証書に「強制執行を認諾する」という文言（強制執行認諾文言）を記載することによって、金銭債権については執行力のある債務名義となる。すなわち裁判手続を経ずとも確定判決と同様に債権差押え等の強制執行ができる。

ただし、公正証書により強制執行ができるのは金銭の支払債務に限られ、それ以外の債務、たとえば建物収去や土地明渡し、商品の引渡しといった債務は公正証書では執行ができない。

(2)即決和解　金銭の支払債務以外の債務について、裁判をして判決をもらうことなく債務名義を取得したいときは「訴え提起前の和解(即決和解)」という方法がある（民訴275）。これは簡易裁判所に対して民事上の争いの実情を示して和解の申立てをし（次頁の**参考書式2**参照)、和解期日に合意して裁判所がこれを相当と認めたら和解調書を作成する手続である。和解調書は確定判決と同一の効力を有するので金銭債務以外の執行も可能である。なお、即決和解も和解（民訴267）の一種であるが「和解条項の書面による受諾」(民訴264）の適用が除外されているため、和解期日には当事者双方の出頭が必須である。

即決和解は、うまく利用すれば非常に有用である反面、濫用防止の観点から合意内容の審査が厳格で、裁判所が相当と認めるという要件があることから、和解期日前に証拠を提出したり裁判所と内容をすりあわせる必要があり、申立てから和解期日の指定まで通常1か月程度の期間を要する。そのため、急ぎの案件には不向きである。

即決和解は、不動産賃貸借がらみの紛争で「滞納賃料の支払いを約したうえで、不払いがあったときは賃貸借契約を解除して当該不動産を明け渡す」といった事例で利用されることが多い。

(3)新たな担保設定があるとき（登記） 合意により新たに抵当権等の担保を設定することとなった場合は、抵当権設定登記を確実に行うこと。債務者が登記のために司法書士宛の委任状を作成して権利証や印鑑証明書等とともに提出したという事実には重みがあり、当該合意が本人の意思に基づいてなされたことの証左となる。そのため、合意自体が私文書であっても、それに基づく登記がなされていることで証明力が補強されることになる。

▼参考書式2 即決和解申立書

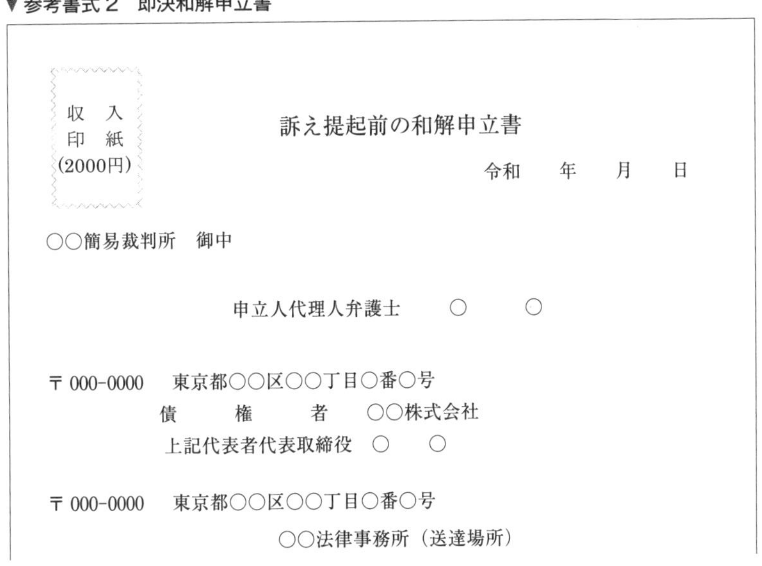

収入
印紙
(2000円)

訴え提起前の和解申立書

令和　年　月　日

○○簡易裁判所　御中

申立人代理人弁護士　○　○

〒000-0000　東京都○○区○○丁目○番○号
債　権　者　○○株式会社
上記代表者代表取締役　○　○

〒000-0000　東京都○○区○○丁目○番○号
○○法律事務所（送達場所）

上記債権者代理人弁護士　○　○
電　話　０３—××××—××××
ＦＡＸ　０３—××××—××××

〒000-0000　大阪府○○市○町○丁目○番○号
債　務　者　株式会社△△
上記代表者代表取締役　○　○

売買代金等請求事件

第１　請求の趣旨
　１　相手方は、申立人に対し、○○万円およびこれに対する令和○○年○月○○日から支払済に至るまで年１０パーセントの割合による金員を支払え。
　２　相手方らは、申立人に対し、別紙物件目録記載の動産を引き渡せ。
との和解を求める。

第２　請求の原因
　１　申立人は相手方との間で、令和○年○月○日、別紙物件目録記載の動産について売買契約を締結し、売買目的物を相手方に引き渡した。売買契約には相手方の代金支払いまでは売買目的物の所有権を申立人に留保する特約が付いている。
　２　相手方は、売買代金の支払い日である令和○年○月○日を経過しても売買代金の支払いをしない。

第３　争いの実情
　申立人と相手方との交渉の結果、別紙和解条項案記載のとおり和解が成立する見込みがついたので、御庁の和解勧告を求める次第である。

附　属　書　類

１　申立書副本　２通
２　資格証明書　２通
３　委任状　３通

物　件　目　録

１　○株式会社製
　　○○型○○装置（シリアルナンバー○○）　１式

【 ***Answer*** 】
合意書の条項は、債務の内容、支払期限、支払方法、遅滞の場合の措置等を、一義的に理解できるよう明確に記載する。捺印は実印によることが望ましいが必ずしも実印である必要はない。ただし連帯保証人については紛争になることが多いので、署名の自書、実印の押印、印鑑証明書の取得をすべて実施すべきである。

合意内容が不履行となったとき、裁判を要せず強制執行を行いたい場合は公正証書作成または即決和解が有効。ただし、費用と時間がかかるので事案に応じてどこまで必要かを検討する。

◀コラム▶ 電子契約

契約の成否が訴訟等で争われた場合、本人または代理人の署名または押印のある文書は真正に成立したものと推定されます（民訴228④）。近時普及してきている電子契約の場合は、一定の要件をみたす電子署名をすることによって、真正に成立したものと推定されるため（電子署名及び認証業務に関する法律3）、紙媒体の契約と同様の効力が認められます。電子署名が「押印」に、電子証明書が「印鑑証明書」に相当するといえるでしょう。

電子契約には、誰の電子署名を用いるかによって、当事者署名型と事業者署名型（立会人型）の２種類の方式があります。電子契約サービス事業者が電子署名を行う後者の方式では、メール認証等で本人確認さえすれば利用でき手軽に導入できる（取引相手が同じサービスのアカウントをもっている必要がない）ことから、この方式が普及し電子契約の利用を増加させています。

電子契約は、場所を問わないためリモートワークに適し、契約書郵送の手間や時間も不要なので業務の効率化を図ることができるうえ、電子契約には印紙税の納付義務がないこと等からコスト削減のメリットが大きく、今後も普及していくことが見込まれます。他方で、契約自体を電子化した場合でも書面の交付が義務づけられている契約類型（クーリングオフや重要事項説明書等）があることには注意が必要です。なおいわゆるタイムスタンプには民法上の確定日付の効果はありません（公証役場の電子確定日付にはあります）。電子契約の法的側面については今後の運用や研究に委ねられている部分も多いので、裁判例の蓄積が待たれます。（市川 充＝岸本史子）

10…交渉決裂・手続の選択

Case

債務者B社が、10年という長い分割弁済を求めてきたり、あるいは、長期分割で担保の徴求に応じなかったり、債権者A社が納得しない条件でしか合意に応じない状態が交渉開始から3か月続いた。ノボル弁護士としては交渉を決裂させてよいか、交渉の打ち切りのタイミングはどこで見極めるべきか。

•••

姉　弁：A社の債権回収の事件はその後どうなってるの？

ノボル：一応交渉は続いていて、分割で支払ってもらう方向の話をしているんですが、B社から出てくる返済条件はとうていA社が納得できるものじゃないので、困っているところです。

姉　弁：交渉を始めてどのくらいになるんだっけ？

ノボル：3か月ですね。

姉　弁：それで今はどんな状況？

ノボル：ええと、はじめにB社が「10年分割」と言ってきたので、A社から「10年は長すぎる。最長でも5年」と押し返しているのですが、B社は「毎月の支払額をこれ以上増やせない」の一点張りです。あと、A社は「分割にするなら保証人を追加してほしい」と言っているのですがB社は「適切な人がいないので無理」と。ここも平行線ですね。

姉　弁：うーん。それだと、今後いくら時間をかけても歩み寄りは難しいんじゃないの？ B社はもう開き直ってるように見えるけど。

ノボル：別に開き直ってるわけじゃないですよ。B社の担当者はいつも本当にすまなさそうに「ご迷惑をお掛けして申し訳ありません。なんとか円満に解決したいです」って言ってくれますし。

姉　弁：あのね。いくら口でそう言ってても「10年分割、保証人なし」っていう条件から一歩も動かないんでしょ。それは「こちらは歩み寄らないからイヤなら裁判でも何でもしろ」って言ってるのと同じ。それを「開き直ってる」って言うのよ。

ノボル：･･･そう言われればそうですね･･･。

姉　弁：それでも交渉を継続する意味はある？

ノボル：なさそうですね。わかりました。交渉打ち切りの連絡をします。

姉　弁：ちょ、ちょっと待ちなさい。打ち切ったあとどうするかは決めてあるの？

ノボル：いいえ、まだ決まってません。でも交渉を続けても意味がないなら、打ち切って訴訟するしかないんじゃないですか。

姉　弁：あなたが勝手に決めることじゃないでしょう。訴訟には時間も費用もかかるんだから、A社とよく相談して今後の方針を決めなさい。

ノボル：わかりました。すぐA社の担当者に会ってきます！

Check List

□相手の出してくる条件は合理的か〔→ **1(1)**〕

□交渉態度は誠実か〔→ **1(1)**〕

□回答期限は適切に守られているか〔→ **1(1)**〕

□合意できない原因となるのは克服可能な事柄か〔→ **1(2)**〕

□合意できない原因は感情的な問題か〔→ **1(2)**〕

□十分な検討のうえで依頼者が判断したか〔→ **1(2)**〕

□債務者に回収可能な資産があるか〔→ **1(3)**〕

□債務者の事業継続が必要か〔→ **1(3)**〕

□支払督促や調停申立てを検討したか〔→ **2**〕

□保全申立ての準備はできているか〔→ **3**〕

［解説］

1　交渉打ち切りのタイミング

任意の交渉を開始してある程度の期間が経過しても合意に至らないとき、交渉を打ち切るタイミングをどのように判断すべきか。当事者双方に「話し合いでまとめたい」という気持ちがあると、「もう少し待てば良い条件が出るのではないか。なんとかまとまるのではないか」と、歩み寄りの可能性に期待してつい時間をかけてしまうことが多い。しかし、交渉を長引かせた結果合意に至らなければ依頼者は「時間を無駄にした」と感じるし、長引いている間に債務者の資産が散逸することもある。そのような事態を避けるためには、交渉を打ち切るタイミングを適切に見極めることが必要である。なお、交渉に時間がかかった結果、消滅時効の完成が近づいてしまったときは、催告（民150）や協議を行う旨の合意書（民151）など、時効の完成猶予の措置をとることも忘れてはならない。

(1)歩み寄りの姿勢があるか　相手の出してくる条件、交渉に臨む態度や回答に要する時間などから、歩み寄る姿勢の有無を見極める。いくら対応が丁寧で誠意があるように見えても、非常識な条件を出したり、あまりに回答を先延ばしにするようでは交渉をまとめる意欲がないと判断すべきである。ただし、仮に対応に誠意が感じられなくてもほかに見るべき資産がなくて任意の支払いに頼るほかないような場合は、粘り強く付き合って一部だけでも回収できるよう努めるべきである。

(2)合意できない原因は何か　交渉が頓挫しているポイントがどこにあるのか。その点を乗り越えることができるのかどうかを見極める。それが双方にとって妥協可能なことであれば交渉を継続する意味もあるが、そもそも物理的に不可能なのであれば迷う余地なく交渉での解決は諦めるべきである。会社の方針としてどうしてもこの点は譲れない、というような場合も同様である。

なお、譲れないポイントが依頼者の感情的な問題（または「メンツ」など）である場合は打ち切りの判断が難しい。依頼者が「絶対に不可能」と言ったとしても弁護士の立場からすればそれは「不可能」とは違うので、原則としては話し合いによる早期解決のメリットなどをよく説明して説得することが必要と思われる。しかし、あまり強く説得をすると依頼者の感情を害して関係が悪くなる危険性もある。そのような場合は、今後の展開の予想やメリット・デメリットを箇条書きにして挙げるなど判断材料をわかりやすく示したうえで、最終的には依頼者本人に判断してもらうことになろう。

(3)資産・支払能力があるか　債務者に換価が容易な資産があるようなときは、民事保全手続・訴訟手続に移行して回収できる可能性が高いので、交渉打ち切りの方向に進みやすい。他方、そのような資産がなく、今後営業を継続しながら細々と支払ってもらうしかないようなときは、債務者を決定的に経営破綻に陥らせてしまうことは得策でない。民事保全手続のうちでも特に、売掛金や預金の仮差押えは金融機関からの借入れの期限の利益喪失事由になることが多いので、注意が必要である。

2　その後の手続の選択

交渉を打ち切った後、通常は訴訟提起に進むことが多いが、事案によって「民事調停」や「支払督促」が適切な場合もある（各手続について詳しくは第3章**4**参照）。

支払督促は、債務者が債務の存在を争わない場合にスピーディに債務名義を取得できる点で有用であるが、異議が出されたときには管轄が相手の住所地になってしまうことや、請求できるのが金銭、有価証券その他の代替物の給付に限られるという制限がある。

民事調停は、強制力はないものの、裁判所という第三者が介在して定期的に調停期日を設けて話し合いを進められるので、**1**で挙げた「事業を継続しながら分割で返済を受ける」ことを求めるような場合に適しているといえる。

3　民事保全の準備

仮差押え等の民事保全手続に相手方の協力は不要なので、交渉と並行して民事保全の申立てを行うことも可能ではあるが、民事保全手続をとることにより債務者の経営に致命的なダメージを与える可能性もあるため一般的に民事保全手続に入るのは交渉決裂後になる。

ただし交渉が決裂すると相手方も資産を守ろうと動くので、民事保全の申立てにはスピードが必要になる。実際には、交渉が難しくなってきたら民事保全手続の申立てに必要な書類の準備を始めておき、交渉を打ち切ったら直ちに申立てができるようにしておくことが有効である。

民事保全をするかどうかは、保全に適した資産の有無、保全手続の費用（予想される担保の額）、保全を行わなかった場合の回収可能性等、様々な要素を考慮して判断する。詳しくは第3章**1**を参照されたい。

【 ***Answer*** 】

交渉打ち切りのタイミングについては「いつ」という絶対的な基準があるわけではないが、交渉が停滞している理由や期間を踏まえて、今後交渉が進展する可能性の有無を判断する。その際は、債務者の表面的な態度に惑わされないよう注意する。債務者との人間関係などからあくまで任意交渉を希望する依頼者もいれば、少し停滞すると焦れて結論を急ごうとする依頼者もいるので、交渉を打ち切るかどうかについては必ず事前に依頼者の意向をよく確認するべきである。

第3章

法的手続に入る

1 … 民事保全手続

Case

債権者Ａ社の代理人であるノボル弁護士は、債務者Ｂ社との任意交渉が決裂したため、法的手続により売掛金債権を回収することとした。Ｂ社と任意交渉をしている間に、Ｂ社所有の不動産と預金債権については、国税からの差押えがなされ、Ｂ社の取引先に対する売掛金債権については、Ｂ社に対して債権を有するＣ社（Ａ社と競合する債権者）から仮差押えがなされたことが判明した。

Ａ社としては訴訟提起前に債権を保全するために、民事保全手続をとるべきか。とるべきであるとすれば、どのような保全手続が考えられるか。なお、Ａ社がＢ社に売却した工作機械の売買契約には所有権留保特約が付されていた。

•••

ノボル：先輩、どうしましょう！ 交渉をしている間に、国税の滞納処分でＢ社の不動産と預金が押さえられてしまいました。僕の責任でしょうか･･･。

姉 弁：ぐずぐず交渉していたのはよくないけど、国税の滞納処分は仮差押えに優先するから、あなたの責任ではないわよ。

ノボル：よかった･･･。じゃあ僕、急いで考えられるＢ社の資産全部の保全手続をとる準備をしますね！

姉 弁：ちょっと落ち着いて。保全手続って、タダ（費用なし）でできるわけじゃないのよ。保全対象物の価格や被保全債権の確度にもよるけど、けっこうな金額の担保金が必要になるわ。それに、むやみやたらと保全手続を使うとＢ社の信用不安の引き金になって、最悪、倒産することもあるのよ。･･･そうね、Ａ社がＢ社に工作機械を売却して、工作機械に所有権留保が付いているのなら、工作機械について所有権に基づく引渡請求訴訟を提起することを前提として、その工作機械に保全手続をとるのが、バランスのとれた方法だと私は思うわ。

ノボル：ありがとうございます！ では、急いで工作機械の引渡請求権を被保全権利として仮差押えを申し立てて、裁判所から決定をもらうように頑張ります！

姉　弁：ちょっと！ この場合は、「仮差押え」じゃなくて「仮処分」だからね！

Check List

□民事保全手続が必要な事案か〔→ 4(1)〕
□民事保全手続で押さえるべき財産・資産が相手方にあるか〔→4(1)〕
□民事保全手続が相手方に与える影響は検討したか〔→ 4(1)〕
□相手方の財産・資産に関する資料は何がそろっているか〔→ 5(2)〕
□被保全債権は金銭債権か非金銭債権か〔→ 2〕
□被保全権利を疎明する契約書その他書類はそろっているか〔→ 5(2)〕
□保全の対象とするのは不動産、動産、債権、権利のどれか〔→ 3(1)〕
□保全の対象とする財産・資産の所有者は本当に相手方か〔→ 4(1)〕
□保全の対象とする財産・資産に対する他の者による担保設定、強制執行、保全処分の状況はどうなっているか〔→ 6〕
□保全処分の委任状は取得したか〔→ 5(2)〕
□依頼者と相手方の会社謄本の原本は取得したか〔→ 5(2)〕
□依頼者への担保金の説明と準備の依頼は行ったか〔→ 5(4)〕
□申立後、裁判所での審尋のスケジュールは確保してあるか〔→ 5(3)(4)〕
□最も事案に詳しい依頼者の担当者は審尋に同行可能か〔→ 5(3)〕
□印紙・郵券は準備したか〔→ 5(2)〕

［解説］

1　民事保全手続の有効性

わが国においては自力救済が禁止されているため、担保物権の設定を受けていない一般債権者は民事裁判手続を利用して私法上の権利を実現することになる。民事裁判制度では、判決手続と強制執行手続が分離されており、訴訟提起して勝訴判決を得たあとに確定判決を強制的に実現するためには、執行裁判所に対して強制執行の申立てをしなければならない。

もっとも、訴訟提起から判決確定までは、数か月、場合によっては数年の時間がかかるため、強制執行の申立前に債務者の財産が処分されてしまうと、勝訴判決を得るために要した費用と時間が無駄になる。

そこで、債権者としては債権を確実に回収するために訴訟提起に先立って民事保全手続をとり、債務者の財産の散逸を防止するのが有効な場合がある。

2　民事保全手続の種類

民事保全手続は、民事保全法で規定されており、「仮差押え」、「係争物に関する仮処分」、「仮の地位を定める仮処分」に大別できる。

「仮差押え」と「係争物に関する仮処分」は、債権者の被保全権利が金銭債権か否かにより区別される。つまり、「仮差押え」は債権者の金銭債権による将来の強制執行に備えて債務者が財産の処分や現状の変更を禁止する手続であるのに対して、「係争物に関する仮処分」は非金銭債権（係争物）に対する債権者の引渡請求権・登記請求権などに備えて債務者による処分を禁止する手続である。

なお、「仮の地位を定める仮処分」は、争いのある権利関係について現に債権者に生じる著しい損害や急迫の危険を回避するために暫定的に必要な措置を命じる手続であり（民保23②）、将来の強制執行の保全を目的とする「仮差押え」や「係争物に関する仮処分」とは性質を異にする。

3　代表的な民事保全手続

(1)仮差押え　仮差押えとして代表的なものは、次のとおりである。

・不動産の仮差押え
・債権（預金債権、売掛債権等）の仮差押え
・動産（金銭、有価証券、船舶、自動車、機械等）の仮差押え

(2)係争物に関する仮処分　係争物に関する仮処分として代表的なものは、次のとおりである。

・不動産に関する登記請求権を保全するための処分禁止の仮処分
・建物収去土地明渡請求権を保全するための処分禁止の仮処分
・詐害行為取消権を被保全権利とする処分禁止の仮処分
・仮登記上の権利を係争物とする処分禁止の仮処分
・共有物分割請求権を被保全権利とする処分禁止の仮処分
・占有移転禁止の仮処分

(3)仮の地位を定める仮処分　仮の地位を定める仮処分として代表的なものは、次のとおりである。なお、給付請求権について事実上・法律上それが実現されたのと同様の効果が生じる仮処分を「断行の仮処分」という。

・抵当権実行禁止の仮処分
・金員仮払いの仮処分
・建築等禁止の仮処分
・動産引渡しの仮処分
・不動産明渡しの仮処分
・新株発行差止めの仮処分
・競売手続停止の仮処分

民事保全手続のうちで通常将来の執行の保全に利用されるのは、「仮差押え」と「係争物に関する仮処分」である。そこで、以下では「仮差押え」と「係争物に関する仮処分」についてみてみよう。

4 民事保全手続を行う際に注意すべきこと

(1)必要性の検討と債務者への配慮 民事保全手続は、債務者に敗訴判決がなされたのと同様に、債務者に与える影響が大きい。たとえば、債務者の預金が仮に差し押さえられたり、財産の処分が仮に禁止されたりすれば債務者に信用不安が生じ、債務者は取引先から現在の取引や新規取引の話が白紙に戻されてしまい、ひどい場合には倒産してしまうこともある。債権者にとっても、債務者に信用不安が生じて倒産したり売上が減少したりすることは必ずしも好ましいことではない。

また、債務者に資力がない場合や債務者の資産関係が不明な場合には、やみくもに民事保全手続を行っても、奏功せずに終わる場合もある（いわゆる「空振り」）。

したがって、債権者の代理人弁護士は、民事保全手続を選択することが債権回収の視点から得策かどうかをよく検討し、債務者にも配慮した民事保全手続を行う必要がある。

(2)迅速な事件処理 民事保全手続は、債務者の責任財産が散逸するのを防ぐために、責任財産が散逸する前に緊急でなされなければならない（緊急性）。また、債権者は、債務者が民事保全手続の準備をしていることを察知し、財産を隠匿することがないよう、民事保全手続を債務者に知られないように進める必要がある（密行性）。したがって、弁護士は、事件の相談を受けた場合には、受任の諾否を素早く行い、受任後は速やかに事件を処理するよう努めなければならない（弁護士職務基本規程34・35）。

5 民事保全手続の概要

(1)民事保全手続の流れ 民事保全手続は、①申立て→②面接→③担保の提供→④保全決定→⑤保全執行という流れで進められる。保全手続の全体像を押さえておくことは、どの民事保全手続を選択するかの判断に不可欠といえる。

(2)申立て（①） 民事保全命令の申立書には、民事保全規則13条が定める事項を記載しなければならない（必要的記載事項）。なかでも「申立ての趣旨」および「申立ての理由」（同1項2号）が実務上、特に重要である。

「申立ての趣旨」は、訴状の「請求の趣旨」に相当するものである。仮差押命令の申立ての場合には、債権者の有する債権の種類、内容および金額を特定し、その執行を保全するために債務者の財産を仮に差し押さえる旨の裁判を求める旨を記載する。一方、仮処分命令の申立ての場合は、様々な申立内容が想定されるため、債権者は、どのような態様の仮処分を求めるのかが明確になるよう記載しなければならない。

「申立ての理由」は、訴状の「請求原因」に相当するものである。申立てにあたっては、保全すべき権利または権利関係および保全の必要性を具体的に記載し、かつ、立証を要する事由ごとに証拠を記載しなければならない（民保規13②）。

民事保全手続では、保全すべき権利または権利関係および保全の必要性については、証明までは要さず、疎明で足りる（民保13②）。疎明の方法は、保全手続の内容によって様々であるが、契約書、解除通知書、商業帳簿、領収証、写真撮影報告書等の書面によって疎明するのが一般的である。

申立書には、上記疎明資料のほか（民保規6、民訴規55②）、①委任状、②資格証明書（法人の登記事項証明書）、③不動産の価格を証明する書面等、民事訴訟規則および民事保全規則に定めのある添付資料を添付する必要がある。目的物の種類ごとに必要書類が異なるので、民事保全規則20条・23条を確認してほしい。

また、実務では、当事者目録、請求債権目録および仮差押債権目録

(債権仮差押えの場合) または物件目録 (不動産仮差押えの場合) を命令の発令までに作成し、必要部数提出するのが通常である。目録に誤字・脱字があると訂正・修正によって命令発令が遅れることになるから、可能な限り正確に記載して提出したい。申立手数料 (印紙代)・予納郵券代は、各裁判所ホームページで確認することができる。

(3)面接 (②) 民事保全命令申立てについての審理は、口頭弁論を経ないでできる決定手続で行われる (民保3。オール決定主義)。したがって、審理は、書面による方式、当事者の審尋による方式および任意的口頭弁論の組み合わせで進められる。東京地裁保全部では、原則として全件につき、申立ての翌々日までに、裁判官による債権者の審尋を行う運用である。よって、申立後に審尋の日程を入れられるようスケジュールを確保しておく必要がある。なお、審尋では疎明資料の取調べが行われるため、原本を持参する必要がある。また、申立書の訂正を求められることも多いため、職印も持参する。

審理では、裁判所からの釈明 (民保7・9、民訴151)、和解、取下げ (民保18) がなされることがある。

弁護士としては、裁判官の質問・意見に対して瞬時に回答・反応できるよう、記録の読み込み、疎明資料の精査等、万全の準備をして臨みたい。また、場合によっては、当事者本人や関係者を同行するのが有効な場合もある (ただし、関係者については裁判所の判断で同席が認められないときもある)。

このように、民事保全命令申立ては、書面審理と債権者審尋によって審理されるのが一般的である。債務者審尋については、仮の地位を定める仮処分命令の場合は必要的であるが、その他の場合は行われないことが多い。

なお、民事保全命令申立ての手続では、口頭弁論期日または債務者を呼び出す審尋期日が指定される場合を除き、債務者に対して、主張書面または書証の写しを交付する必要はない (指定された場合は債務者に直送することになる (民保規15))。

(4)担保の提供（③） 実務上、民事保全命令は、担保を立てさせてから発令されるのが通常である（民保14①参照）。担保の額は、裁判所が、当該事件の具体的事情や申立ての理由についての疎明の程度を考慮して裁量によって定める。仮差押えと処分禁止の仮処分については、目的物の価格に応じて定められ、占有移転禁止の仮処分については、目的物の価格またはほかに賃貸できないことにより失う利益を基準に定められるのが一般的である。請求債権の種類等によりかなり幅があるが、担保額のおおよその目安は、目的物の価格の2〜3割程度であることが多い。担保の方法としては金銭等を供託する方法と裁判所の許可を得て金融機関等と支払保証委託契約を締結する方法がある。

(5)保全決定（④） 民事保全命令の申立てについて決定がなされると、調書決定（民保規10）の場合を除いて、決定書が作成される（民保規9①）。

(6)保全執行（⑤） 保全執行の方法は申立ての内容によって異なる。不動産に対する仮差押えの執行が仮差押えの登記によって行われる場合、裁判所書記官が登記嘱託をするため（民保47③）、別途の保全執行の申立ては不要である。これに対し、動産に対する仮差押えの執行は、執行官が動産を占有して行うため（民保49①）、保全執行の申立てを行う必要がある。

保全執行は、民事保全命令が債権者に送達された日から2週間を経過したときは、その執行を行うことができなくなるため（民保43②）、民事保全命令の申立てを行った弁護士は、保全執行期間を徒過することがないよう速やかにこれを行う必要がある。

6 滞納処分と民事保全手続の競合

国税・地方税・社会保険料等（いわゆる公租公課）を債務者が滞納した場合には、国税徴収法に基づき滞納処分が行われることがあり、滞納処分と民事保全手続が同一財産に対して行われることも多い。この点につき、国税徴収法140条は、「滞納処分は、仮差押又は仮処分によりその執行を妨げられない。」と規定する。

仮差押えを受けた財産に対して滞納処分の差押えが行われても直ちに仮差押えの効力が消滅するものではないが、その財産が換価された場合には消滅することになる（税徴125参照）。滞納処分庁によって換価され、残余金が生じた場合には、換価代金等の残余金は、当該財産に対する強制執行について管轄権を有する地方裁判所または仮差押えをした執行官に交付されることになる（「滞納処分と強制執行等との手続の調整に関する法律」28・6①・34①・18②等）。

仮処分を受けた財産に対して滞納処分による差押えが行われても仮処分の効力は消滅しない（民保58①②・61参照）。仮処分は多種多様であり、仮処分の類型によって滞納処分の扱いは異なる。たとえば、処分禁止の仮処分がなされた土地について滞納処分による差押えが行われても、滞納処分庁による換価は土地に関する本訴の結果を待たなければならず、それまで仮処分の効力も消滅しない。

7 強制執行と民事保全手続の競合

複数の債権者が同じ金銭債権に対して差押えや仮差押えを行い、債権額が金銭債権の額を超えてしまう状態を競合という。差押えや仮差押えの債権合計額が差押債権の額を超えないときには、各債権者は全額について満足を受けられるため、競合の問題は生じない。

差押え、仮差押え、配当要求（債務名義のある債権者が先行する差押えに参加する手続。ただし、実務上あまり問題になることはない）は、その前後によって優先関係が決まることはなく、すべて同等である。これに対して、前述のように、滞納処分による差押えはこれらに優先する。

そして、差押え・仮差押えが競合したときは、各差押えまたは仮差押えの効力は債権全部に拡張されるため（民保50⑤、民執149）、第三債務者は、その債権の全額に相当する金銭を供託し（民保50⑤、民執156②。義務供託）、供託した旨を裁判所に対し届け出ることになる

(民保50⑤、民執156③)。なお、仮差押命令が競合しただけでは第三債務者に供託の義務は生じないが、第三債務者が供託をすることは可能である(権利供託)。

競合が生じた場合の配分額は、滞納処分による差押えがある場合には、まずこれに優先して配分され、一般の差押えや仮差押えについては債権額の按分(債権額による割合比率)によって配分を受けることになる。

8　Caseでの具体的な民事保全手続(仮差押えおよび仮処分を例として)

まず、A社としては、B社が工作機械を第三者に売却する等して処分しないよう、工作機械の引渡請求権を被保全権利として、占有移転禁止の仮処分申立てを行うことを検討すべきである。ただし、この場合、執行官が工作機械の占有を取り上げる方法(執行官保管型)ではなく、工作機械の占有はB社のもとにおいてその使用を許し、執行官が占有を公示する方法(債務者保管型)とするほうが、B社の不利益が小さく、裁判所の命令も得られやすいと思われる。

次に、A社としては、工作機械を換価処分しても不足額が発生する事態に備えて、売買代金請求権または損害賠償請求権を被保全権利としてB社の売掛債権、預金、不動産に対して仮差押えの申立てを行うことが検討課題となる。この場合、請求債権額をいくらにするか(6000万円全額か、その一部にするのか)、B社の取引先何社の売掛金を対象とするのか(1社か、複数社か)によって費用・担保金が異なってくる。

C社が先行して売掛金に仮差押えをしている場合には競合の問題が生じる可能性が高く、A社とC社の債権額の按分による回収にとどまる可能性がある。なお、その後に国税による滞納処分の差押えが売掛金にもされた場合には、A社・C社のいずれの仮差押えも滞納処分によって消滅し、これに劣後することになる。

そして、不動産および預金債権への仮差押えについては、すでに国税当局による滞納処分の差押えがされており、これに劣後することになる。

【 *Answer* 】

A社はB社に対し、留保した所有権に基づく工作機械の引渡請求訴訟（本訴）を提起することに先立って、民事保全手続として工作機械について占有移転禁止の仮処分を申し立てることを検討すべきである。

またA社は、工作機械の処分価格が売掛金債権に不足した場合に備えて、C社と競合するものの、B社の取引先に対する売掛金債権への仮差押えの申立てが考えられる。国税（公租公課）には劣後するものの、なお余剰がありそうであれば、B社所有の不動産への仮処分や預金債権への仮差押えも検討しておきたい。

◀コラム▶ 悪魔の証明～「ない」ことの疎明と民事保全手続

裁判等において存在しないことを証明することはおよそ不可能であり、このことを「悪魔の証明」ということがあります。通常、このような場合民事訴訟では証明責任が相手方に転換されたりします。

仮差押えなどの民事保全手続では、申立てをする債権者の側が被保全債権の存在と保全の必要性を主張し、疎明しなければなりません。しかも、仮差押えの場合は、密行性が求められるので、債務者の審尋手続を経ることなく、債権者の主張と疎明（東京地裁など多くの裁判所では債権者（代理人）が裁判官と面接をする）だけで裁判所は決定を出します。つまり、相手方に証明責任が転換することが予定されていません。このような場合、存在しないことの疎明を債権者はどのように行うのでしょうか。

債権仮差押えは、債務者にとっては当該債権にかかる第三債務者からの弁済を受けることができなくなり、そのダメージは大きなものです。そのため、当該債務者が債権以外に（価値のある）不動産を所有している場合には、まずは不動産についての仮差押えをなすべきであり、債権について仮差押えをする保全の必要性はないとされています。そのため、債権仮差押えの手続において債権者は、保全の必要性として当該債務者が不動産を所有していないことを疎明しなければならないことになります。この不動産を所有していないことの疎明――悪魔の証明――はどのように行うのでしょうか。

実務では、債務者の本店や支店の所在地（これらは商業登記簿で疎明する）における不動産登記事項証明書を裁判所に提出し、不動産登記事項証明書における甲区欄記載の所有者が当該債務者であれば、当該不動産の現在価値（固定資産評価証明書等による疎明）と乙区欄記載の抵当権の被担保債権額を示して当該不動産の残余価値がないことを疎明します。当該不動産の甲区欄の所有者名義が当該債務者の名義でなければ一応、当該債務者には不動産が見当たらず、少なくとも債権仮差押えの保全の必要性については疎明がなされたとされます。

（市川　充）

◀コラム▶ 利用しやすいボンドの誕生

これまで、銀行からボンド（支払保証委託契約）を受けるには、原則的にその銀行に担保と同額の定期預金を準備する必要があったため、担保金額を準備できない債権者は民事保全手続の利用を断念するケースが少なくありませんでした。

しかし、2019年7月から、全国弁護士協同組合連合会と保険会社（損保ジャパン日本興亜株式会社）が協定を結び、一定の保証料を保険会社に支払えば、全額の担保金を準備しなくても、保証書の発行を受けることができるようになりました。対象となる民事保全手続は、仮差押えと係争物に関する仮処分に限られますが（仮の地位を定める仮処分は対象外）、担保金の準備が大きな壁となっていた民事保全手続にとって、この新たなボンドの誕生は画期的であり、手続の利用が容易になることが見込まれます。

（嵯峨谷巌）

2…訴訟提起

Case

債権者A社は、債務者B社に対して訴えを提起する方針を固めた。売買代金額は4800万円であり、A社がB社に対して売却した工作機械には所有権留保特約が付されていた。A社によると、工作機械は中古市場において高値で取引されており、B社に引き渡した工作機械も2000万円程度で売却できるとのことであった。

訴訟において、被告となったB社が売買代金を支払わない理由として、売買の目的物である工作機械がきちんと動かないことを挙げてくる可能性も出てきた。ノボル弁護士は、A社の代理人として訴状作成にとりかかることになった。

•••

ノボル：A社の件ですが、ついにB社に対して訴訟を提起することになりました。僕、裁判は個人の貸金請求事件くらいしか経験がないのですが、修習時代にも起案したこともある売買代金請求訴訟ですし、大丈夫だと思います。

姉　弁：修習時代の起案の経験は、あまり引きずらないほうがいいわね。実務ではまず、依頼者が何をしてほしいかを最初に考えなさい。それから、その工作機械は中古市場が充実しているから、中古でもそれなりの価格で売れるはずよ。それに、B社が倒産する可能性もあるから、売買代金請求で債務名義をとるよりも、工作機械を取り戻したほうが債権回収としては確実な場合もあるわ。

ノボル：わかりました！ そうすると、工作機械の引渡請求訴訟を提起すればいいですね。請求の趣旨は「被告は原告に対し、別紙物件目録記載の動産を引き渡せ。」か。簡単ですね！

姉　弁：ちょっと待って。工作機械の返還を受けてもおそらく2000万円程度しか回収できないわ。機械の減価分も、きちんと請求したほうがいいわね。

ノボル：そういえば、裁判の中でB社が「工作機械が正常に動かないから、売買代金を支払わない」等と契約内容の不適合を反論してきたら、どうすればいいでしょう。

姉　弁：まずは正面から契約不適合が存在しないことを主張することね。それと、契約不適合責任の除斥期間を抗弁として主張することも考えられるわね。

ノボル：民法562条以下で規定する契約不適合責任ですね。除斥期間はたしか･･･1年。司法試験の短答式試験用にばっちり勉強しました！

姉　弁：私が言ったのは商法の契約不適合責任の話。A社やB社のような会社間の売買つまり商事取引の場合には、商法526条で契約不適合責任は引渡しから6か月が除斥期間よ。だから、引渡しの時期を確認してすでに引渡しから6か月を経過しているんだったら、抗弁として主張するといいわ。

ノボル：ありがとうございます。商法の条文は手薄でした。訴状、起案してみます！

Check List

□訴訟によって債権回収につながる事案か〔→ **1**〕

□判決まで相応の時間かかることを依頼者に説明して了解をとったか〔→ **2**〕

□訴訟提起時に相応の印紙代がかかることを依頼者に説明して了解をとったか〔→ **2**〕

□依頼者を過度に期待させるような説明をしていないか〔→ **2**〕

□裁判所から途中で和解を勧められる可能性を説明したか〔→ **1(4)**〕

□金銭の支払いを求めるのか、物の引渡しを求めるのか、その両方か〔→ **4**〕

□主位的請求のみで足りるか〔→ **4**〕

□物の引渡請求が執行できない場合に備え代償請求をするか〔→ 7〕
□遅延損害金はいつから（始期）、何%を請求するか〔→ 5〕
□請求の趣旨には、訴訟費用の負担と仮執行宣言の記載はあるか〔→ 5〕
□請求の原因には、要件事実のほか、裁判所が事案を理解しやすいような事実まで記載されているか〔→ 8(3)〕
□請求の原因に書くべき事実・主張と、関連事実として書くべき事実・主張は整理して分けて記載されているか〔→ 8(3)〕
□依頼者にとって便利な管轄裁判所に訴訟提起できるか〔→ 3〕
□訴訟提起前に訴状案文につき依頼者は確認済みか〔→ 8(3)〕

〔 解説 〕

1 訴訟提起の有効性

紛争解決の手段として訴訟手続が利用されるのは、以下のように訴訟が紛争解決に有効だからである。

(1)債務名義が取得できる　訴訟を提起し、勝訴判決を得ると、判決が債務名義となり（民執22(1)）、債権者は、強制執行手続をとることができる。執行証書（同(5)）や調停調書（同(7)）も債務名義となるが、債務者との話し合いが困難な場合には選択できない。

(2)相手方の協力は不要である　訴訟では、当事者が主張立証責任を負っているため、争いがあっても結論が下され、また、いわゆる欠席判決という制度もあるため（民訴159③）、相手方が紛争解決に協力的でないような場合にも有効な手続である。

(3)公平・中立な裁判所が介入する　訴訟手続では当事者は、主張・立証を尽くし、それを前提に公平・中立な立場の裁判官が判断を下すため、当事者が結論を受けいれやすい手続である。

(4)和解的解決も目指すことができる　訴訟外での和解が難しい場合

には、訴訟上の和解を最終的な着地点として訴訟手続を利用することも考えられる。たとえば、債権者が株式会社で、債務者である依頼者は支払いをする意思があるが、満額の弁済は経済的に不可能であるから減額交渉をするという場合に、金額面での折り合いがつかないことがある。株式会社としては、訴訟外での和解は難しいが、訴訟手続で裁判官の関与する裁判上の和解であれば、減額について社内決済がとりやすい、ということもある。訴訟手続は、「紛争を公平に解決してくれる」という司法への信頼が基礎にあり、第三者の納得感・安心感が得られる手続といえる。

以上は、債権回収の場面を念頭に裁判手続を利用するメリットを挙げたが、このほかにも裁判手続を利用するメリットは多数ある。

2 時間・費用等の問題

訴訟には、前記**1**のようなメリットがある一方で、一般的に紛争解決までに時間と費用（収入印紙、弁護士費用等）がかかるというデメリットがある。時間と費用の問題は、依頼者に与える影響が大きいことから、訴訟選択を検討するにあたり、事前に依頼者に説明しなければならない。被告に資力がまったくない場合や倒産間近の場合には、費用と時間をかけて裁判を行っても、依頼者にとって実益がないことがあるので、注意が必要である。

また、弁護士として、依頼者に訴訟の見立てを伝えることはもちろんであるが、相手からどのような主張や証拠が出てくるかはわからないため、楽観的な見立てを伝えて、過度な期待をもたせないよう注意すべきである。

こうした時間・費用等の問題および前記**1**のメリットを考慮して、訴訟手続を利用するか否かを検討することになろう。

3 管　轄

どの裁判所に訴訟を提起すべきかは、時間と費用にも関係するため、実務的に重要な問題である。

民事訴訟法では、原則として被告の住所地等の裁判所が管轄を有するとされている（民訴4①②④）。また、財産権上の訴えは、義務履行地を管轄する裁判所に訴えを提起することが認められている（民訴5⑴）。そして、義務履行地につき、民法は債権者の住所地を原則とし（民484）、商法では債権者の現在の営業所としている（商516）。したがって、原告が金銭の支払いを求める訴えを提起する場合には、原告の住所地の裁判所にも訴えを提起することができる。さらに、不法行為に関する訴えは、不法行為があった地を管轄する裁判所に（民訴5⑼）、不動産に関する訴えは、不動産の所在地に（同⑿）、それぞれ訴えを提起することができる。このほかにも、民事訴訟法は、管轄につき多数の規定をおいている。

債権者は、時間と費用が少なくてすむ管轄を選択して、訴えを提起することになる。なお、金銭消費貸借等の契約を被告と締結している場合には、契約書に合意管轄の規定もあることが多いので、確認が必要である。

4　訴訟物の選択

(1)訴訟物　訴訟物とは、その訴訟で審理の対象となる権利関係をいい、実務では実体法上の個々の請求権を基準として特定・識別される。したがって、相手方に金銭の支払いを求める場合でも、法律構成を消費貸借契約に基づく貸金返還請求権とするか、不当利得に基づく利得金返還請求権とするかによって訴訟物は異なる。単純な事案では訴訟物の選択につき悩むことはないが、事案が複雑な場合や物権的請求権や債権的請求権のいずれも選択可能な場合には、訴訟物の選択を十分検討する必要がある。

そのような場合には、まず、執行手続を見据えて、どの訴訟物を選択することが最良かを考える必要がある。また、請求原因を立証できるかという立証の可能性や容易性にも配慮する必要がある。

(2)所有権留保を例として　所有権留保とは、主に売買契約で、目的物を代金の完済前に引き渡しつつ、代金完済までは、その所有権を売主に留保するものである。買主による代金不払いの場合、通常（所有権留保特約がない場合）、債務不履行に基づき売買契約を解除し、原状回復として目的物の返還を求めることになるが（民545①）、売買の目的物が第三者に譲渡され、第三者が売買契約の解除前に対抗要件を具備している場合には、売主は第三者に対し目的物の返還を求めることはできない（最判昭和33・6・14民集12巻9号1449頁）。これに対し、所有権留保の場合には、代金の不払いがあったときには、所有権留保の実行の意思表示により所有権留保を実行し（契約解除の意思表示は不要）、第三者に対しても、所有権に基づき目的物の返還を求められる可能性がある。ただし、即時取得可能な動産の場合は、第三者が即時取得により所有権を原始取得したときには、留保所有権者は所有権を失うことになる。

このように、所有権留保売買は、買主が代金を支払わない場合に、目的物そのものから債権の回収を図るためのものであるから、そのような合意があるときには、訴訟物の選択に際し所有権留保を実行することを前提とした訴訟物を選択することを検討すべきである。

5　請求の趣旨

請求の趣旨とは、訴訟における原告の請求の結論となる部分であり、判決の主文に対応するものである。金銭の給付訴訟における請求の趣旨は、「被告は、原告に対し、○万円を支払え。」と記載する。ただし、債権者は、遅延損害金等を同一の訴えで請求（附帯請求）するのが通常であり、「被告は、原告に対し、○万円及びこれに対する令和○年○月○日から支払済みまで年△分の割合による金員を支払え。」といった記載となる。また、「訴訟費用は被告の負担とする。」との記載も忘れてはならない。

さらに、原告としては、被告の財産が逸失する前に、判決確定を待たずに判決内容を実現したいところである（民執22⑵参照)。したがって、訴えの性質上仮執行の宣言を付せない場合（非財産上の訴え、意思表示の陳述を求める訴え等）を除き、請求の趣旨には、「との判決並びに仮執行宣言を求める。」と記載すべきである。

6 訴訟物の価額の算定

(1)訴額 訴訟物の価額は訴額とよばれ、訴え提起の手数料や仮執行宣言の場合の担保権の基準等になるため、算定方法を押さえておくべきである。

訴額は、原告の主張する利益により算定されるが（民訴8)、非財産上の訴訟で算定できないときまたは財産上の訴訟でも算定が極めて困難なときは、160万円とみなされる（民訴8②、民訴費4②)。

また、1つの訴えで数個の請求をする場合には、その価額を合算した金額が訴額となるが（民訴9①本文)、主張する利益が共通するとき（同①ただし書）や、附帯請求であるときは、その価格は訴額に算入されない（同②)。

(2)訴額の算定基準 代表的なものは、次のとおりである。

①所有権は目的たる物の価格、②占有権は目的物たる物の価格の3分の1、③金銭支払請求権は請求金額（ただし将来の給付を求めるものは請求金額から中間利息を控除した金額)、④引渡（明渡）請求権は（ア）所有権に基づく場合は目的物の価格の2分の1、（イ）占有権に基づく場合は目的物の価格の3分の1、⑤所有権移転登記請求権は目的物の価格、⑥詐害行為取消権は原告の債権の金額とするが、取り消される法律行為の目的の価格が原告の債権の金額に達しないときは、法律行為の目的の価格によって算定される。

ただし、土地については当分の間、目的物たる物の価格は固定資産税評価額の2分の1とされている（たとえば、土地明渡訴訟の訴額は、固定資産税評価額の4分の1となる)。

(3)訴えの手数料 訴訟提起をする際、裁判所に対する手数料は、訴額に応じて算定される（民訴費3、別表第一下欄）。事案によっては、手数料が相当高額になることも珍しくないため、事前に手数料を調べて依頼者に説明しておきたい。

7　動産の滅失に備えた代償請求

動産の引渡しを求める場合、滅失などによって執行が不可能になることが考えられ、それに備えて、動産の引渡しが不可能になることを条件として、動産の引渡しに代わる金銭請求を求めること、すなわち代償請求が実務上認められている。

代償請求は動産の引渡しが執行不能になることを条件とする将来給付の請求であることから、動産の引渡請求と両立する関係にあり、予備的併合ではなく単純併合とされている。なお、代償額は、判例上、口頭弁論終結時の価格とされている。

8　攻撃防御方法の検討（商人間の契約不適合責任を例に）

(1)売主の契約不適合責任　**Case**のように、売買契約の売主が代金を支払わない買主に対して売買代金を請求する場合に、買主が目的物について契約不適合を主張することがある。買主が売買契約を解除していない場合、買主の代金支払義務と売主の損害賠償義務は同時履行の関係に立つため（民533）、売主は損害賠償義務を履行するまで、残代金の支払いを受けることができない。そこで、売主としては、買主の主張を排斥できないかを検討することになる。

(2)商法上の担保責任　まず、売主としては、目的物が契約の内容に適合していると主張して契約の不適合自体を争うことが考えられる。

また、損害賠償請求権は、買主がその不適合を知った時から1年以内に通知しなければならないため（民566）、売主としては、期間制限を主張することが考えられる。特に、商人間の売買では、買主は目的物の受領後に遅滞なくその物を検査しなければならず（商526①）、また、検査によって不適合を発見したときは、直ちに売主に通知しなければならない義務を負い、買主が同義務に違反した場合には、契約不適合責任を追及できなくなる（同②前段）。そして、直ちに発見することのできない場合でも、買主が6か月以内に発見しなければ責任を主張できない（同②後段）。このように、売主は、商法上の主張をすれば、買主の主張を容易に排斥できることもある。特別法の規定は、訴訟上有効な主張として使えることも多いため、フォローしておきたい。

(3)主張・反論の記載について　訴状の記載内容・方法については多くの解説書があるため詳述は避けるが、弁護士が作成する訴状・準備書面では、単に要件事実を記載するにとどまらず、これらの書面を読んだ裁判所が背景事情を含めて紛争の内容・実態を理解できるような事実関係や評価まで記載しておくことが有効な場合が多い。なお、依頼者とのトラブルを避けるべく、作成した書面は裁判所へ提出する前に、必ず依頼者の確認・了解を得てから提出すべきである。

【 ***Answer*** 】

A社がB社に対して提訴する場合、請求の内容は、通常、売買代金請求となる。請求の趣旨は、次のとおり。

1　被告は原告に対し、金4800万円及び令和○○年○月○日から支払済みまで年3分の割合による金員を支払え

2　訴訟費用は被告の負担とする

との判決並びに仮執行宣言を求める。

工作機械に所有権留保特約が付され、工作機械が中古市場で高値で取引されその価値が2000万円と評価できる場合には、請求の内容は、工作機械の引渡請求と減価分の損害賠償請求となる。請求の趣旨は、次のとおり。

1　被告は原告に対し、金2800万円及び令和○○年○月○日から支払済みまで年3分の割合による金員を支払え

2　被告は原告に対し、別紙物件目録記載の動産を引き渡せ

3　前項の強制執行ができないときは、被告は原告に対し、金2000万円及びこれに対する執行不能の日（執行不能調書その他の公文書によって証明された執行不能の日）の翌日から支払済みまで年3分割合による金員を支払え

4　訴訟費用は被告の負担とする

との判決並びに仮執行宣言を求める。

訴訟において、被告のB社が売買代金を支払わない理由として、売買の目的物である工作機械がきちんと動かないこと（契約不適合）を抗弁として主張してきた場合、A社の代理人であるノボル弁護士としては、工作機械に契約不適合がないことを主張する（否認）ほか、商法526条に基づき商事取引では直ちに発見できない不適合でも6か月を経過するとB社はA社に対して契約不適合責任（履行追完の請求、代金減額、損害賠償請求、契約の解除）を主張できない旨の再抗弁を主張するべきである。

◀コラム▶ 民事訴訟手続のIT化

これまでの民事訴訟手続は、裁判書類を紙媒体で作成して、裁判所と相手方に持参、郵送、FAX送信しなければなりませんでした。

しかし、このような提出方法には、費用、時間、労力がかかるという問題がありました。また、わが国においてIT化が進み、情報を電子化して管理することが一般的となる中、民事裁判における情報のやり取りもそれに対応すべきであるとの要請が強まってきました。

そこで、迅速かつ効率的な裁判の実現を図るべく、裁判手続のIT化（e提出（e-Filing）、e事件管理（e-Management）、e法廷（e-Court）の「3つのe」により構成される）を実現する国の方針が定められ、わが国の裁判手続を以下の3つのフェーズに分けて進めていくこととなりました。

フェーズ1は、ウェブ会議・テレビ会議等を積極的に利用することにより、効率的な争点整理の運用を行うというもので、Teams

を使用したウェブ会議の運用がすでに開始されています（e 法廷）。もっとも、「書面による弁論準備」として行うため、準備書面の陳述や書証の取り調べはできません（提出はできます）。

フェーズ 2 は、法整備を行い、ウェブ会議等の活用により、双方当事者の出頭を要しない口頭弁論期日、弁論準備手続等の運用を可能とする段階です（e 法廷）。令和 4 年 5 月 18 日に「民事訴訟法等の一部を改正する法律」が成立し、同月 25 日に公布され、4 年を超えない政令で定める日までの間に段階的に施行されることとなりましたが、フェーズ 2 は、新法によって実現可能となりました。もっとも、裁判手続の IT 化を運用するためには、民事訴訟法の整備だけでは不十分です。

フェーズ 3 は、システム構築等の環境整備を行い、当事者の申立て、書面、証拠の提出、保管を実現する段階で（e 提出、e 事件管理）、「3 つの e」すべてが実現可能になります。

令和 4 年 4 月 1 日に、「民事訴訟法第 132 条の 10 第 1 項に規定する電子情報処理組織を用いて取り扱う民事訴訟手続における申立てその他の申述等に関する規則」が施行され、フェーズ 3（e-提出）の前倒しとして、準備書面、書証の写し、証拠説明書等の FAX 送信が許容されている裁判書類を、民事裁判書類電子提出システム（mints）を利用してオンライン提出する運用が開始されました。

このように、ここ数年で劇的に裁判手続が変化しています。弁護士も裁判手続の IT 化に対応していく必要があります。　（嵯峨谷厳）

3…訴訟の終わらせ方

Case

債権者A社が債務者B社に対して、工作機械の引渡しと2800万円の支払いを求めて提訴後、5回ほどの弁論準備手続が踏まれ双方から準備書面が数通ずつ提出された。被告となったB社からは、引き渡された工作機械に不具合があることを理由とする代金の減額の主張がなされた。争点は、B社の主張する不具合があるのか、不具合があるとして引渡しの時点で存在していたのか、という点である。証拠調手続前に裁判所から、機械の任意の引渡しと金銭請求の7割に相当する金額で和解勧告があった。

•••

ノボル：先輩。例のB社の売掛金請求訴訟ですけど、今日の期日で裁判所から和解を勧められました。

姉　弁：ああ、あの訴訟ね。訴訟はどこまで進んでいるの？ 裁判所から提示された和解案の内容は？

ノボル：書面による主張立証は双方ほぼ終わっていて、次は人証申請という段階です。裁判所から提示された和解案は、請求額の7割です。請求額が2800万円ですから、和解だと和解金・解決金の額は1960万円ですね。ただ僕としては、せっかくここまで来たので、証人尋問もやりたいし、裁判所から判決ももらいたいです。

姉　弁：このまま判決になった場合、A社にとって何かリスクはないの？ B社の支払能力は将来的にも問題ないの？

ノボル：実は、B社が主張している契約不適合責任が認められてしまう可能性があります。それとA社の担当者に聞いたのですが、業界内では「B社は、当面大丈夫だろうが、後継者の問題も絡んで、数年後には危ないのではないか」という噂も出ているようです。

姉　弁：まず、まだ尋問期日が指定されていないのなら尋問は 1～3 か月後、尋問後に結審するとして判決までに 2～3 か月、A 社が勝訴しても控訴されたら判決まで 3～6 か月、そのあと上告や上告受理申立てをして争われたら棄却・不受理になるとしても 3～6 か月かかる可能性もあるわね。A 社の社長は、これからそのくらいの時間がかかることがわかっているのかしら。そして、B 社側の契約不適合責任の主張が認定されて、請求金額が減額される可能性もあるのよね。さらに、すぐにどうこうという話ではないにせよ、B 社に信用不安の噂も出ているのなら、請求額の 7 割での和解は十分検討に値するわ。

ノボル：でも、A 社の社長が「もう判決で白黒つけてやる！」と盛り上がってしまっていますけど･･･。

姉　弁：判決で白黒つけて仮に勝訴できたとして、A 社は B 社からどうやって工作機械を引き揚げて 2800 万円と遅延損害金を回収するつもりなの？ A 社は B 社の財務や資産の内容を把握しているの？

ノボル：回収方法については勝訴してから考えようかと思っていました。財務内容や資産内容については、前年度の決算書と信用調査会社から取得した情報がある程度です。

姉　弁：それだと、数年後に判決が確定して執行してみたものの、工作機械が散逸・劣化したあげく、金銭賠償もまったく回収できなかったという結果になる可能性もあるわね。訴訟も常にどのように回収にするかを頭に入れて進めなくちゃダメよ。それと弁護士の仕事で最後に一番大切で難しいのは、自分の依頼者を説得すること。依頼者を煽ったり、焚き付けたりするんじゃなく、最後は紛争を妥当な解決に導くことこそが弁護士の仕事だと私は思うわ。それと、和解条項案は、あなたが最初に起案して裁判所に提出するようにしなさい。内容も、B 社の支払いを促すような条項をよく考えてみなさい。

ノボル：わかりました。やってみます！

Check List

□依頼者に訴訟の経過を報告・説明しているか〔→ **4(2)**〕

□依頼者に和解の場合のメリット·デメリットを説明したか〔→ **2**〕

□依頼者に判決の場合のメリット·デメリットを説明したか〔→ **2**〕

□支払能力に関する資料をどこまで提出させるのか〔→ **2**〕

□依頼者は少なくとも和解に反対していないか〔→ **4(1)**〕

□和解の期日に依頼者を同行させる必要はあるか〔→ **4(2)**〕

□和解成立日に依頼者を同席させるべきか〔→ **4(2)**〕

□最終的に依頼者はその和解条項案に同意しているのか〔→ **4(2)**〕

□和解調書正本の原本または写しを依頼者に交付したか〔→ **4(2)**〕

□和解条項案を裁判所に作成してもらうべき事案か〔→ **5(3)**〕

□金銭に関する訴訟の場合、支払義務の額は支払金額と同額にするか。請求金額と同額にして支払いがあったときに残額免除とするか〔→ **5(2)**〕

□金銭に関する訴訟の場合、支払方法について、①一括払いか分割払いか、②持参（和解の席上授受を含む）か振込み（振込手数料は通常どおり義務者負担でよいか）か、③期限はいつにするか（毎15日、毎月末など）〔→ **5(2)**〕

□不動産に関する訴訟の場合、和解条項の記載で登記手続に耐えられるか。登記申請を依頼する予定の司法書士に事前に確認してもらう必要はないか〔→ **5**〕

□給付条項と確認条項は別条項として整理されているか〔→ **5(2)**〕

□期限の利益喪失条項やペナルティ条項は設けるか〔→ **5(2)**〕

□仮差押えや仮処分の担保取消しの条項は設けるか〔→ **5(2)**〕

□清算条項は、原告・被告間のすべての債権債務を清算するのか、「本件に関し」と記載して本訴訟での紛争に限定するのか〔→ **5(2)**〕

□請求放棄条項は設けたか〔→ **5(2)**〕

□訴訟費用に関する条項は設けたか〔→ 5(2)〕
□各条項の原告と被告が逆になっていないか〔→ 5(2)〕

〔 解説 〕

1 訴訟上の和解の効力

訴訟上の和解とは、訴訟の係属中に、当事者が紛争を終結させるため、相互に譲歩しあって合意し、その結果を訴訟上一致して陳述する行為であるとされる。訴訟上の和解が成立し、和解調書が作成されると「確定判決と同一の効力」が生じる（民訴 267）。

そこで、「確定判決と同一の効力」とは何かが問題となるが、訴訟が終了すること（訴訟終了効）、給付義務の定めがある場合に和解調書を債務名義として強制執行をすることができること（執行力）については異論がない。既判力が生じるのかという点について、判例は実体法上の瑕疵を理由とする和解の無効が確定されない限り既判力を認める立場（制限的既判力説）とされている。したがって、実体法上の取消原因ないし無効原因がない限り、以後両当事者は、和解条項に拘束され、和解条項に反する主張は排斥されることになり（既判力の消極的作用）、後に紛争が生じた場合にも和解条項の内容を前提として判断される（既判力の積極的作用）。

2 訴訟上の和解のメリット・デメリット

訴訟上の和解のメリットとしては、①紛争が早期に解決され、時間と費用が節約されること、②事件の柔軟かつ総合的な解決が図られること、③履行される確率が高いこと、④当事者間の円満的解決が図られること、⑤紛争が世間に知られる可能性が小さくなること、⑥主張立証に不安が残る場合に判決結果が予測できないといった判決のデメリットを避けられること等が挙げられる。

一方、訴訟上の和解のデメリットとしては、①和解の成立に際し、当事者の意思表示に瑕疵が存在した場合には、紛争が蒸し返される可能性があること、②判決を望む当事者の感情に沿わないこと、③せっかくの勝ち筋の事件でも譲歩する内容になってしまうこと等が挙げられる。

以上を踏まえ、訴訟上の和解によって訴訟を終了させることが相当か否かを代理人として総合的に検討することとなる。

なお、和解にあたっては法的な判断のみならず経済的な判断も要するから、弁護士としては、和解金・解決金の額、執行可能性、履行可能性等を判断するうえで、相手方に対し資力に関する資料（確定申告書、決算書、源泉徴収票）の提出を求めるべき場合もある。

3 訴訟上の和解のタイミング

民事訴訟法89条は「裁判所は、訴訟がいかなる程度にあるかを問わず、和解を試み、又は受命裁判官若しくは受託裁判官に和解を試みさせることができる。」と規定する。したがって、訴訟手続の終盤に限らずどの段階であっても、裁判所の和解勧試によって和解が成立する可能性がある。

また、当事者が裁判所に対して和解手続に入るよう希望し、裁判所の和解勧試を促すことも可能である。裁判所の仲介・立会いがなければ訴訟の相手方と和解交渉できないのは珍しいことではなく、上記のメリットを踏まえて、訴訟上の和解を積極的に利用することは当事者の利益につながることが多い。

このように、訴訟上の和解は、裁判所、当事者いずれからでもきっかけを作ることが可能である。争点整理や当事者の態度等により、裁判上の和解手続がなされる時期は様々であるが、裁判所の職権による和解勧告があった場合には、頑なに拒否するのではなく、代理人として、裁判所、相手方の意見に耳を傾けるべき場合も多い。

◀コラム▶ 裁判所への和解の打診を代理人の側から行うこと

テレビドラマなどには、「勝訴率100%の弁護士」、「○○連勝中の弁護士」という弁護士が登場することがあります。しかし、現実の実務（？）では民事訴訟は和解で終了することも多いため、「常勝」弁護士にはなかなか出会うことはできません。むしろ和解がうまい弁護士のほうが、同業者からすると手ごわいかもしれません。

和解の仕方というのは非常に難しいものです。第1回口頭弁論期日の冒頭から「和解はできませんか？」と非常に積極的に和解を勧める裁判官もいますが、一般的に第一審では①争点整理が終わった人証調べ（尋問）前と②それが終了した判決前に、裁判官から和解を勧められることが多いのではないでしょうか。

しかし事案によっては、早々に事件の帰趨や結論がわかってしまったり、当事者が支払能力を欠いたり、訴訟の長期化を望まない等々、代理人の側から裁判所に和解の打診を行うべきときもあります。

ただ、「訴訟の途中で代理人の側から和解の相談・打診をすることで裁判所から弱気・劣勢と思われ、判決や和解で不利にならないか心配だ」といった悩みを聞くこともあります。結論としては、和解のサインを代理人側から裁判所に送ることは問題ありません。和解は当事者の合意に基づく早期かつ柔軟な紛争解決手段なので、通常は裁判所も和解による解決を望んでおり、たいていは和解に向けて何らかの調整をしてくれるものです。また、訴訟において書面で主張すべきことは、和解協議においても口頭で毅然と述べておきます。そして、「この案件は双方に言い分がある事件であり、判決で白黒を付けることが紛争解決として妥当なのか、代理人としても悩んでいる」等の気の効いた言葉を添えて裁判所に和解を打診すれば、紛争の全体的・現実的な解決を考えている弁護士として有利になることはあっても、不利になることはないのではないでしょうか。

要は、代理人からの和解の打診というのは「切り出し方（タイミング）」と「言い回し（ワーディング）」次第なのです。（嵯峨谷厳）

4　依頼者との関係において

(1)依頼者の「権利及び正当な利益」の意義　訴訟は、当事者の利害関係が激しく対立している場面である。弁護士は「良心に従い、依頼者の権利及び正当な利益を実現するように努める」義務を負うが（弁護士職務基本規程21）、ここにいう「依頼者の権利及び正当な利益」とは、依頼者の要求と必ずしも一致するものではない。

弁護士は、法律の専門家として、法令および法律事務に精通することが求められており（弁護士職務基本規程7）、受任した事件の事実関係のもとで法律を踏まえて「依頼者の権利及び正当な利益」を実現する義務を負うのであって、依頼者の要求に盲目的に従うべきではない。弁護士が、依頼者の要求通りに動くだけであれば、当事者間の紛争に、火に油を注ぐだけである。弁護士は、プロフェッショナルとして、法的解決の見立てをしっかり依頼者に伝え、時には依頼者が気付いていない解決の方向を示すことも必要である。

(2)依頼者の自己決定権　弁護士は、「委任の趣旨に関する依頼者の意思を尊重して職務を行」わなければならない（弁護士職務基本規程22①)。訴訟上の和解は重大な効果を発生させるものであるから、弁護士は、訴訟上の和解手続において和解をするかどうか、どのような和解内容にするかについて、依頼者の意思を十分に確認して、その意思を尊重しなければならない。

依頼者が和解で適切な判断をするためには、依頼者がこれまでの訴訟経過を正確に把握していることが前提として必要となる。そのため期日報告書を送付する、メールを送信する、打ち合わせで直接説明するなどの方法で、依頼者へ訴訟経過を報告しておく必要がある。ここでは依頼者に有利なことも不利なことも正確に伝えるよう注意しなければならない。

また、依頼者に口頭弁論期日ないし弁論準備期日へ出頭してもらい、裁判官の心証を直接感じてもらうことが有効な場合もある。ただし、依頼者は当事者であるため、裁判所や相手方代理人の発言に感情的になる可能性があり、そうならないよう、弁護士は事前に依頼者に期日でどのような議論がなされるのか、など予測される展開等を説明しておかなければならない。そして、仮に期日で依頼者が感情的な言動に及んだ場合には、代理人として、依頼者をなだめ、どのような趣旨でそのような発言があったのか、裁判所に丁寧に説明する必要がある。

そして、紛争の円満な解決を依頼者にも認識してもらうべく、必要に応じ、和解を成立させる期日に依頼者にも同席してもらうのが適切な場合もある。

なお、和解条項の不履行による執行に備え、和解調書の原本について、弁護士ないし依頼者のどちらが保管するかを決めておきたい。

5 和解条項の類型

(1)効力条項と任意条項　和解条項は、その条項が実体法上の効力を発生させるか否かによって、「効力条項」と「任意条項」に分けられる。なお和解条項における「任意条項」とは、実体法、手続法と重複する条項や道義的責任を定める条項をいう。

(2)代表的な効力条項　効力条項の類型・内容・注意点を簡単にまとめると次頁の**図表1**のようになる。

(3)和解条項案の作成　任意履行がなされない場合、和解調書は強制執行手続で債務名義として使用されるものである（民執22(7)、民訴267)。したがって、和解条項は、相手方代理人や裁判官任せにせず、まずは自ら起案すべきである。ただし、当事者間の争いが激しい事案では裁判所から和解条項を提示してもらうのが有効なこともある。いずれにせよ弁護士にとって和解は、個別の事案ごとに説得力、調整力、解決力、人間力が問われる場面であり、全力を注ぐ必要がある。

なお、実際に和解条項案を作成する際の留意点については、**Check List** を参考にされたい。

▼図表１　効力条項のポイント

	内容	注意点
給付条項	当事者の一方が、相手方または第三者に対し、特定の給付をなすことを合意するもの。 (例)「支払う。」「引き渡す。」「登記手続をする。」等	・執行当事者を明確にする。 ・給付の対象物を特定する。 ・給付意思を明確にした表現にする。 ・履行の時期を明らかにする。
確認条項	特定の権利もしくは法律関係の存在または不存在を確認する合意。 (例)「確認する。」	・誰と誰の間で、どのような権利、法律関係を確認したのかを明確にする。
形成条項	当事者が新たな権利の発生、変更、消滅の効果を生じる合意を内容とするもの。 (例)「○○で売り渡し、△△は、これを買い受けた。」「合意解除する。」	・権利義務の主体、形成させる権利および法律関係を特定する。 ・形成条項の対象は、当事者の自由処分を許すものでなければならない。
付款条項	基本となる条項の合意の効果を制限するために付加するもの。 【条件】 停止条件、解除条件、過怠約款、失権約款、先給付、引換給付、選択権行使、代償請求、債権者の催告 【期限】 確定期限、不確定期限	実務上、付款が付せられることは多いが、たとえば、給付条項に付款が付せられる場合には、その性質によって、強制執行の手続が変わってくることがある。強制執行段階で問題とならないよう、明確な条項とするよう特に注意が必要である。
特約条項	実体法の規定を排斥または補充するもの。 (例) 支払方法、支払場所、費用の合意	・銀行振込の場合には、手数料負担を明確にする。 ・所有権の移転時期が問題となるケースは多い。

清算条項	和解契約後に債権が発見されても不問とするもの。	・「本件に関し」を入れるかどうかはよく考える。 ・清算条項は慎重に検討する。
関連事件の処理条項	本件と関連する他の事件についての合意。 （例）「別訴を取り下げる。」	紛争が残らないよう、保全事件や別訴に配慮した条項を設けることが重要である。
訴訟費用の負担条項	通常は任意条項であるが、効力条項になる場合がある。 （例）「訴訟費用は各自の負担とする。」	別段の定めをおかない場合には、各自の負担となるが（民訴68）、定めをおくのが一般的。
放棄条項	原告の請求がほかにもある場合でも放棄するというもの。 （例）「原告は、その余の請求を放棄する。」	実務上定められるのが通常である。

※　仮差押え、仮処分の担保取消し（第３章７を参照）

【　例　】被告は、原告に対し、原告が前項の債権仮差押命令申立事件について供託した担保（東京法務局令和５年度金第○○○○○号）の取消しに同意し、原告および被告は、その取消決定に対し抗告しない。

【注意点】仮差押えや仮処分の際に立てた担保の取消しには、①債務者の同意、②確定判決、③権利行使催告の３つの方法があるが、和解の場合には①の相手方の同意を和解条項に入れることが多い。

◀コラム▶「本件に関し」～清算条項の文言

和解条項の最後のほうに規定される「原告と被告との間に何らの債権債務がないことを相互に確認する。」という条項は包括的清算条項と呼ばれています。これは当事者間での紛争を完了させて、その後に再び紛争が起きないよう設けられる規定です。ただ、このように何の制限もない文字どおり包括的清算条項ではなく、「本件に関し」、「本件売買契約に関し」、「本件雇用契約に関し」など条件付きの清算条項が設けられる場合も少なくありません。原告や申立人の代理人としては、同じ当事者間に別の紛争が燻っている、隠れている場合に備えて「本件に関し」を入れておきたいと考え、被告や相手方の代理人としては包括的・恒久的な解決を狙って「本件に関し」を外したいと考え、時には「本件に関し」をめぐっての攻防によって和解協議が難航することもあります。

しかし、「〔『本件に関し』といった〕限定的な清算条項について、一般的、抽象的にどの範囲の権利義務について不存在の確認をしたものかを決定することは困難であるが、……訴訟の紛争の実態からみると……」(東京地判平成2・7・30金判872号27頁)といった裁判例もあるように、実のところ「本件に関し」といった文言を入れるだけでは包括的清算条項との決定的な違いはなく、むしろ重要なのは紛争の実態や訴訟の経緯だと考えられます。つまり、「本件に関し」とは、訴訟物と社会的・経済的に密接に関連する範囲を意味すると解されていますが、結局、この範囲に含まれるかどうかは紛争の実態や訴訟の経緯を踏まえた解釈に委ねられることになります。

だとすれば、和解条項に「本件に関し」を入れるかに悩みすぎるよりも、和解に至るまでの訴訟や調停の中で主張立証をしっかり行っておけば、同じ当事者間で別訴が提起された場合にも、前訴訟の実態・経緯から清算条項の範囲も明らかにできます。また、同じ当事者間の別の紛争が生じていることが和解協議の段階でわかっているのであれば、和解成立が別の紛争の処理・解決に影響を与えないことを和解条項の中で明記しておくほうが確実だといえます。

(嵯峨谷厳)

【*Answer*】

判決では一部敗訴ないし減額の可能性があること、B社の事業継続性に問題があること、執行可能性が不明確であること、和解によれば早期解決が可能であること、工作機械の引き揚げの失敗を回避できる可能性が高くなること等を踏まえれば、工作機械の引渡しと請求額2800万円の7割に相当する1960万円での和解はA社として十分検討に値する和解内容である。

ノボル弁護士としては、本件を和解によって解決することが望ましいと判断するのであれば、A社に対して和解した場合のメリット・デメリット、反対に和解しなかった場合のメリット・デメリットを十分に伝えて説得し、A社の判断・了解のもと和解を成立させることになる。

4…その他の手続（支払督促・調停）

Case

債権者Ａ社の債務者Ｂ社に対する売買代金債務が履行されないため、Ａ社はこれまでノボル弁護士を通じてＢ社と交渉してきたが、進展がないため、Ａ社は法的手続によることにした。

(1) Ａ社としては裁判をやってもＢ社が争ってくることはなく、有利な和解に持ち込めると考えていた。また、裁判費用についても可能な限り節約したいと考えていた。

(2) Ａ社にはＢ社との売買契約書など証拠となる書面がないほか、取引担当者が退職してしまったため、Ｂ社との取引の事情がわかる者がいなくなってしまっていた。Ａ社としては、訴訟を提起してＢ社が本格的に争ってきた場合に書証や証人を十分に用意できるか確実ではないという事情があった。かといって、これまでの任意交渉では今後も進展が見込まれない状況にあった。

●●●

（ランチにて）

姉　弁：ノボル君、Ａ社の件だけど、もし依頼者から「訴訟のほかにどんな手続があるのか？」という質問があったとき、あなたならどういう説明をするの？

ノボル：ええっと･･･。ちょ、調停、それから･･･ほかにあったっけ･･･。

姉　弁：支払督促手続って聞いたことない？

ノボル：支払督促･･･。聞いたことはあるんですけど、実際に使ったことはないです。

姉　弁：それじゃあ、調べてまた報告してね。

（ランチ終了後おやつタイムで）

ノボル：先輩、わかりました！ 支払督促って書面だけで債務名義がとれるんですね。なんで今までこんないい制度を使わなかったんだろう。これからどしどし使います！

姉　弁：たしかに、事案によっては支払督促が有用な場合はあるわ。でも、異議が出た場合に生じるデメリットも考えなきゃダメよ。あと、民事調停はどうなの？

ノボル：調停は結局話し合いですよね。そうすると、そもそも任意の交渉がうまくいかなかったんだから、あまり使えないですよね。

姉　弁：これも事案によりけりだけど、第三者が入る民事調停だとうまくいく、という場合もあるわ。話し合いだからといって検討しないというのはどうかしら。

ノボル：わかりました！ 支払督促も調停も、どんな場合に有用か、もう一度勉強してみます！

Check List

（支払督促手続を利用する場合）

□支払督促手続の利用を検討したか〔→ **1**〕

□管轄を確認したか〔→ **1**〕

□任意の支払いが見込めるか〔→ **2**〕

□早期の換価が必要な状況か〔→ **2**〕

□債務者から異議が出される可能性を検討したか〔→ **3**〕

（民事調停手続を利用する場合）

□民事調停手続の利用を検討したか〔→ **4**〕

□当事者間に感情的な対立がないか〔→ **5**〕

□支払い以外の条件で検討すべきことがあるか〔→ **5**〕

□取引先が協議に応じる可能性はあるか〔→ **6**〕

［解説］

1　債権回収としての支払督促について

支払督促手続とは、債権者の書面による申立て（次頁の参考書式3参照）のみで、債務者の立ち会いなしに、金銭給付の債務名義が取得できる手続である（民訴382・386①）。売掛金等の債権回収を行う場合にとりうる法的手段の1つである。

支払督促の申立て→支払督促→仮執行宣言の申立て→仮執行宣言という段階を経て、債務名義と同一の効力が生じる（民訴396）。また、仮執行宣言付支払督促は、執行文の付与を受けないで執行手続を行うことができる（民執25ただし書）。

管轄は債務者の普通裁判籍の簡易裁判所であること（民訴383①）、仮執行宣言の前に債務者から異議が出た場合は、支払督促は効力を失い（民訴390）、通常訴訟に移行すること（民訴395）に注意すべきである。

2　支払督促の有用な場面

支払督促手続は、金額の多寡によらず、債務者の事情を聴取することなく債務名義と同一の効力が生じる。したがって、債権の存在に争いがない場合で取引先が異議を出さないことが見込まれる場合は、簡易に債務名義を取得する方法として有用である。任意の支払いが見込まれず、早期の換価を行いたい場合に支払督促の利用を検討するとよい。

3　支払督促がとりにくい場合

債権の存否または額に争いが生じる可能性がある場合や、債権の存否および額に争いが生じない場合であっても、分割払いを求める債務者から異議が出されることが、実務上よくある。

また、債務者から異議が出された場合、債務者である被告の住所地の裁判所が訴訟の管轄裁判所になる。たとえば、取引先の本店所在地が遠方にある場合、仮に督促手続を経ずに通常訴訟を提起した場合は、財産権上の訴えの義務履行地（民訴5⑴）として、債権者の住所を管轄裁判所とすることができる。ところが、督促手続を申し立て、債務者より異議が出された場合、遠方の債務者の住所地の裁判所が管轄裁判所となってしまう。現在は電話会議やWEB会議など遠方の場合でも直接出向く必要が以前よりは薄れているが、それでも遠方の場合は費用、労力とも負担が大きくなる。また、異議を出された場合は通常訴訟に移行し、第1回口頭弁論期日が改めて指定されるため、当初から訴えを提起した場合よりかえって時間がかかってしまうことになる。

したがって、異議が見込まれる場合は、支払督促手続を選択しないほうがよいということになる。

▼参考書式3　支払督促申立書

支払督促申立書

売買代金請求事件

当事者の表示　　　　別紙当事者目録記載のとおり
請求の趣旨及び原因　別紙請求の趣旨及び原因記載のとおり
送達場所の届出　　　別紙当事者目録記載のとおり

債務者は、債権者に対して、請求の趣旨記載の金額を支払えとの支払督促を求める。

申立手続費用　金○○円
内訳
　申立手数料　　　　○○円
　督促正本送達費用　○○円
　通知費用　　　　　　○円
　申立書書記料　　　　○円
　申立書提出費用　　　○円
　資格証明手数料　　○○円

申立年月日　　　令和　年　月　日
申立人（債権者）　○○株式会社
代表取締役　○　　　○

○○簡易裁判所書記官　御中

価額　　　　　　　　円
印紙　　　　　　○○円
郵券　　　　　　○○円
はがき　　　　　○○円

添付書類　資格証明書　２通

請求の趣旨及び原因

請求の趣旨
1　金○円
2　上記金額に対する令和年月日から完済まで年６％の割合の遅延損害金
3　金○円（申立手続費用）

請求の原因
1　売買契約の締結
債権者は、債務者との間で、令和○年○月○日、○社製○型工作機械（シリアルナンバー○○）にかかる売買契約を下記のとおり締結し、これを債務者に引き渡した。
代金　○○万円
代金支払日　令和○年○月○日
引渡し　令和○年○月○日
2　債務者の債務不履行
債務者は、代金支払日である令和○年○月○日を経過しても代金を支払わない。

当事者目録

〒000-0000　東京都○区○○丁目○番○○号（送達場所）
債　　権　　者　　○○株式会社
上記代表者代表取締役　　○　　　○
電　話　０３－××××－××××
ＦＡＸ　０３－××××－××××
（担当　　　　　　）

〒000-0000　大阪府○市○町○丁目○番○号
債　　務　　者　株式会社△△
代表者代表取締役　○　　　○

4　債権回収手段としての民事調停について

裁判所で調停委員を挟んで協議を行う（一般）民事調停も、債権回収を図るうえでとりうる法的手段の１つである（民調 2）。簡易裁判所が管轄となる。なお、申立書については次頁の**参考書式４**を参照。

5　民事調停の有用な場面

任意の交渉では、相対での交渉となるので、これまでの経緯や感情的なもつれから交渉がうまくいかない場合がある。同じ任意の話し合いであっても、調停委員という第三者を間に入れることにより、当事者も冷静になり話し合いが進む場合がある。また、分割払いや支払条件、担保差し入れなど細かな点を協議し、書面に残すことができるので、支払いの付随的条件や他の条件などを取り決めたいときに、民事調停手続が有用である。

こちらの主張が法的に通りにくい、あるいは立証が難しいなど、有利な判決取得が見込まれない場合などにも民事調停手続の利用を検討すべきである。

6 民事調停がとりにくい場合

債権の存否自体に争いがある場合は調停での話し合いができないので、民事調停をとるのは不適切である。また、協議をしても相手方が応じる見込みが薄い場合も同様である。

▼参考書式4 調停申立書

収入
印紙

調 停 申 立 書

令和　　年　月　日

○簡易裁判所　御中

申立人代理人弁護士　○　　○

〒000-0000 東京都○○区○○丁目○番○号
申　立　人　　○○株式会社
上記代表者代表取締役　○　○

〒000-0000 東京都○○区○○丁目○番○号
○○法律事務所（送達場所）
上記申立人代理人弁護士　○　　○
電　話　０３－××××―××××
ＦＡＸ　０３－××××―××××

〒000-0000 大阪府○○市○○丁目○番○号
相　手　方　　株式会社△△
上記代表者代表取締役　○　○

売買代金請求等調停申立事件
調停事項の価額　○○万円

貼用印紙額　　　　○万円

予納郵便切手　　　○円

第１　申立ての趣旨

1　相手方は、申立人に対し、金○○万円を支払うこと

2　調停費用は相手方の負担とすること

との調停を求める。

第２　紛争の要点

1　当事者

申立人は、○を目的とする株式会社であり、相手方は○を目的とする株式会社である。

2　売買契約の締結

申立人は、相手方との間で、令和○年○月○日、○社製○型工作機械（シリアルナンバー○○）にかかる売買契約を下記のとおり締結し、これを相手方に引き渡した。

代金　○○万円

代金支払日　令和○年○月○日

引渡し　令和○年○月○日

3　相手方の債務不履行

相手方は、代金支払日である令和○年○月○日を経過しても代金を支払わない。

4　その後の交渉

申立人は、相手方に対して売買代金の支払いを請求したが、相手方は売買目的物の仕様が注文したものと異なる等主張して代金の支払いを拒絶している。しかし、発注書のようなものはないが、目的物の仕様は相手方が口頭で発注した内容のとおりである。

5　まとめ

以上のとおり、申立人は相手方に対して、売買代金○円を有しているが、相手方が理由なく支払いを拒絶している。

よって、申立の趣旨記載の調停申立をする次第である。

証　拠　書　類

1　甲第1号証　　売買契約書

附　属　書　類

1	申立書副本	1通
2	甲号証	2通
3	資格証明書	2通
4	委任状	1通

【 ***Answer*** 】

債権回収について法的手続をとる場合、支払督促や民事調停の利用を検討する。支払督促は簡易な債務名義を取得できることから有用であるが、他方で、異議が出された場合を検討する必要がある。民事調停は第三者を入れるため、支払条件等の実務的な協議の必要性がある場合や、立証活動が困難な場合等、判決を求めるには適さない場合に有用であるが、他方で取引先が協議に応じるかどうかを見極める必要がある。

5…判決が出たあとなすべきこと

Case

債権者A社の債務者B社に対する売掛金請求訴訟は、A社の全面勝訴で、判決主文は次のとおりだった。

1　被告は原告に対し、金2800万円及びこれに対する令和○年○月○日から支払済みまで年3分の割合の金員を支払え

2　被告は原告に対し、別紙物件目録記載の動産を引き渡せ

3　前項の強制執行ができないときは、被告は原告に対し、2000万円を支払え

4　訴訟費用は被告の負担とする

5　仮執行宣言

ノボル弁護士はこのあと何をすべきか。

•••

ノボル：先輩。A社の件ですが、結局判決となって、A社の全面勝訴です！

姉　弁：そう。ただ、債権回収はここからが大変なんだからね。

ノボル：わかってますよ。すぐに強制執行の手続を行います！

姉　弁：強制執行の準備をするのはいいけど、まずは任意に履行してもらうことでしょ。

ノボル：そうでした。じゃあ、判決が確定するまで待ってるしかないですかね。

姉　弁：待ってるだけじゃダメよ。準備できるところは準備しておかなきゃいけないのでは？ ところで、強制執行をするための準備として、どんなことをするつもりなの？

ノボル：えーっと･･･判決書を受け取って･･･強制執行の申立書を起案して･･･。

姉　弁：すべての強制執行に共通して必要な証明書があるでしょ。

ノボル：判決確定証明書･･･あっ、仮執行宣言がついているので、確定証明書は必要ないですね。だとすると･･･。

姉　弁：強制執行を申し立てるためには、判決書はどうしなければならなかったかしら？

ノボル：判決書が送達されなければならない･･･あっ！ 判決正本送達証明書ですね。

姉　弁：そうね。送達証明書が必要ね。ただその前に、判決正本は受け取るだけでよかったかしら。

ノボル：！ 執行文付与申請！

姉　弁：そうね。家事審判書など例外的な場合はあるけど、執行文が必要ね。あと、1回の強制執行で終わらないことが予想される場合の、執行文数通付与の手続や段取りなども、本件では考えたほういがいいわよ。

ノボル：はい！ 準備しておきます！

Check List

□任意の支払いが見込めるか〔→ **1**〕
□任意の支払いが見込まれない場合の段取りはつけたか〔→ **2**〕
□判決正本送達証明書の取得の準備はしたか〔→ **2(1)**〕
□執行文付与の準備はしたか〔→ **2(2)**〕
□被告との話し合いができる場合の準備はできたか〔→ **3**〕

［ 解 説 ］

1　判決書受領後なすべきこと

債権回収の案件については、原告勝訴の判決が出ただけでは目的を達することができない。任意の支払いが見込めない事案では、判決が確定するまでの間、強制執行の準備をする必要がある。また、判決が出ることによって任意の支払いが見込める事案であれば、判決が確定した段階で、任意の支払いを促す書面を被告に出すことも検討する。

以下では、任意の支払いを見込めない場合、何を差し押さえるかにかかわらず、強制執行手続をとるために必要な手続を説明し、また、任意の支払いが見込める場合への対応もあわせて説明する。

2 任意の支払いが見込めない場合

Case のような金銭給付を命じる判決は、上訴によって判決が確定する前に仮に執行することができる仮執行宣言（民訴 259）がつくことが通常である（これに対し、移転登記請求訴訟は確定しなければ執行できないし、建物明渡訴訟で被告が出廷しない欠席判決の場合など仮執行宣言を求めてもつかない場合がある）。したがって、以下では仮執行宣言が主文にある場合の必要書類およびその取得方法を説明する。

(1)判決正本送達証明書 強制執行の申立てを行うためには、判決書が被告に送達されたことが必要である。この証明を行う文書が判決正本送達証明書である。判決正本送達証明書は、判決言渡しをした裁判所の事件の担当者書記官に証明申請書の正本・副本計 2 通を提出し、正本に所定の収入印紙（2022 年 12 月現在 150 円）を貼付して申請し、書記官が副本に証明する旨の文書を添付して証明書となる。

判決正本送達証明申請書には、被告への送達日の記載が必須なので、申請前に書記官に電話等で問い合わせを行う。また、被告への送達は特別送達で行われ、送達日の記録が戻ってくるまでの時間が必要なので、ある程度の時間を空けないと証明書が取得できないが、裁判所によっては、送達日を空欄にして、かつ送達日前に申請書を提出しても、記録が戻り次第証明書を交付する運用をしている場合もあるので、担当の書記官と相談してみてほしい。

(2)執行文 強制執行を行うために、通常の民事訴訟事件の判決書

(和解調書も同様である) に、執行文の付与を受けることが必要である(民執26)。執行文は、判決正本 (和解調書) の末尾に、この債務名義に基づき強制執行ができる旨の文言がある文書を添付して付与される。

同時に複数の執行申立てを行う場合、たとえば不動産差押えと債権差押えを同時に申し立てる場合や債務者が複数名いて同時に執行を申し立てる場合、執行文の数通付与の申立てをする。

執行文の申請は所定の収入印紙を貼付 (2022年12月現在300円) した申請書を書記官に提出する。執行文は、判決書などの債務名義によって強制執行できることで付与されることから、強制執行できる状態、すなわち判決書が送達されている＝判決正本送達証明書が先行していることが必要であるが、実務上、判決正本送達証明書と執行文付与申請を同時に行うことができる。

3　任意の支払いの可能性がある場合

判決言渡後、被告から任意の支払いの申出があった場合は別であるが、任意の支払いの可能性がある場合は、基本的には判決が確定するまで (被告への判決正本送達後2週間経過) 待つことになる。

判決確定以降も被告から何のアクションもない場合、強制執行の準備をしつつ、なお任意の履行を促すことを検討する。強制執行は費用や労力がかかるだけでなく、満足な回収ができないおそれもあるので、できるだけ任意の履行を目標とする。

具体的には、任意の履行を促すため、履行を求める書面を被告に発送することが考えられる。また、被告から、判決を前提として、分割払いにしてくれないか、という要望を受けることがあるので、このような申出がなされた場合に備え、依頼者と事前に話をしておくことも考えられる。

強制執行は最終手段として、できるだけ任意に支払いがなされるよう対処することが肝要である。

【 *Answer* 】

勝訴判決が出たら、任意の支払いが見込まれる場合は、被告の代理人に連絡するなど、早期の支払いを受けるよう協議する。任意の支払いが見込まれない場合は、判決正本送達証明書、執行文付与などの強制執行の準備を行う。

6…強制執行の実行

Case

債務者Ｂ社に対し2800万円の支払いと工作機械の引渡しを命じる判決が出た後、Ｂ社から控訴はなく判決は確定した。ノボル弁護士からＢ社に対して任意の支払いを求める通知書を送ったものの、Ｂ社からは何の反応もなかったため、強制執行に着手することとなった。提訴前にＢ社の不動産に対して仮差押えをしている。また、仮差押えはしていないがＢ社には預金、売掛金の債権がある。

(1) ノボル弁護士は、Ｂ社のどの資産に対して強制執行をすべきか。

(2) 事例の場合と異なり、差押対象財産が不明な場合はどういった手段があるか。

●●●

ノボル：先輩。Ａ社の債権回収の件なのですが、Ｂ社は任意に支払ってくれないので、強制執行に着手せざるをえません。

姉　弁：それじゃあ仕方ないわね･･･。Ｂ社にはいくつかめぼしい資産があったわよね。

ノボル：はい。仮差押えをしている不動産、仮差押えをしていない預金、売掛金があります。仮差押えをしていない預金、売掛金から着手すべきでしょうか？

姉　弁：必ずしもそうとは限らないわ。回収金額ができるだけ大きくなるような執行の順番を考えることも大事よ。あなたはどう思う？

ノボル：そうですねえ･･･。やっぱり回収が確実な資産から着手したほうがいいんじゃないでしょうか。不動産は、抵当権を除いても価値もあるみたいで

　　　すし、不動産の強制執行を一番にするというのはどうでしょう？

姉　弁：たしかに、確実に回収を図るということであれば、それもいいわね。ただ、最大限の回収を図る、という観点から、執行手続の迅速さも考えないといけないんじゃない？ 不動産執行手続は時間がかかるでしょ？

ノボル：それじゃあ、売掛金債権の執行から･･･。

姉　弁：ちょっと待って！ それぞれの執行手続のメリット、デメリットを前提に、事案に応じて、執行の順番を検討する必要があるわ。本件ではどのようにすべきか、もう少し考えてみましょう。

ノボル：はい！ 一緒に考えてください。

姉　弁：今回はＢ社の財産がわかっているからよかったけど、財産がわからない場合はどうしたらいいかわかるかしら？

ノボル：財産開示手続がありますね。最近改正されたことは知ってますけど、まだ使ったことがなくて詳しくはわかりません･･･。

姉　弁：財産開示に応じなかった場合に刑事罰の制裁が科されることになったこと、第三者から債務者財産の情報の提供を受ける制度が新設されて、実務では結構使われているのよ。

ノボル：そうだったんですね。いい機会なので、勉強してみます！

Check List

□不動産に対する執行で費用倒れにならないか〔→ **2(1)**〕
□不動産に対する執行で無剰余取消しの可能性はないか〔→ **2(4)**〕
□債権に対する執行で債権の特定は十分か〔→ **3(3)**〕
□債権に対する執行で第三債務者からの相殺の可能性はあるか〔→ **3(4)**〕
□債権に対する執行で転付命令・譲渡命令の活用の余地はあるか〔→ **3(5)**〕
□債権に対する執行で差押禁止債権となっていないか〔→ **3(6)**〕
□回収金額増大、早期換金について、検討している執行の順序

を検討したか［→ 4］
□財産開示手続の利用を検討したか［→ 6］
□第三者からの情報取得手続の申立てを検討したか［→ 7］

［解説］

1　強制執行の種類

原告の勝訴判決に対し、被告が任意の支払いをしない場合は、債権回収の最終手段として強制執行に着手することになる。強制執行の対象資産として、大きく分けると、不動産、債権、動産、その他の財産がある。執行手続の詳細については解説書が多数出ているので、そちらを参照していただくこととして、以下では実務上の留意点、特徴を中心に説明するとともに、強制執行に着手する財産の順序、手続に着手した財産が全額回収に至らない場合および差押対象財産が不明な場合の手段について説明する。

2　不動産執行

不動産執行（申立書については135頁の**参考書式5**参照）の特徴としては、①費用が高額であること、②債権回収まで時間がかかること、③手続中に債務者から任意の支払いの申出がなされる場合があること、④無剰余取消しの可能性に留意すること、などがある。順次みていこう。

(1)費用が高額であること　不動産強制執行を申し立てる際には、申立書貼用印紙（2022年12月現在4000円）、予納郵券（裁判所によって組み合わせ・金額が異なる）に加え、差押登記の登録免許税（2022年12月現在請求金額の1000分の4）が必要となる。

さらに、物件調査のための執行予納金の事前の納付が必要である。予納金の金額は地域の実情に応じて裁判所ごとに納付の基準がある。大きく分けて、物件の個数を基準にする裁判所と請求債権額を基準にする裁判所がある。東京地裁では請求金額を基準にして予納金の額を定めていて、予納金額は60万円〜200万円（2022年12月現在）となっている。

事前に当該不動産が所在する地の裁判所に問い合わせて、費用を確認しておく必要がある。

(2)債権回収まで時間がかかること　不動産の強制執行は、概略、〈申立て→競売開始決定（差押え）→現況調査・物件評価→売却基準額の決定→入札→売却→配当〉という手続を経るので、申立てを行ってから実際に債権が回収できるまでの期間が長くなることが通常である。どのくらいの時間がかかるかは、裁判所の体制（現況調査や物件評価を行う執行官や不動産鑑定士が常時動ける状態にあるか）や物件の種類（定型的な調査になじむかどうか、物件の個数は多数か）によって異なるが、一昔前よりは時間が短縮されたようである。東京地裁では物件調査専任の執行官が配置され、物件評価のための不動産鑑定士が多数在籍しているので、物件の特徴によるが、申立てから配当まで6か月〜1年といわれている。

(3)手続中に債務者から支払いの申出がなされる場合があること　前述**(2)**と関連するが、申立てから実際の債権回収までの期間が長いことから、手続中に債務者から任意の支払いの申出がなされる場合がある。債権者の立場でみると、この段階で支払いを申し出るならもっと早い段階、たとえば訴訟係属中や判決がなされた後などに支払いができたはずと考えるかもしれないが、債務者としては、差押えがなされて「足元に火がついた」状態になり、いろいろなところからお金をかき集めた、といった状況なのである。特に、当該物件が事業の継続に必要不可欠な場合や個人の資産で自宅などの場合になされる。

このような申出がなされた場合は、申出の時期によるが予納金等の債務者負担も含めて交渉すべきである。たとえば差押後、物件調査や物件評価前であれば、予納金の大部分が返還されるので、予納金のことは考慮しないこと（ただし、申立書貼用印紙相当分や登録免許税は戻ってこない）も検討するが、物件調査・物件評価書提出後の申出であれば、執行予納金の返還はほとんどないので、この予納金の負担も含め、任意の支払いの可否および支払額の交渉をすべきである。

(4)無剰余取消しの可能性　裁判所は、不動産の買受けの見込み額が、費用や担保権などの優先債権を差し引いたら剰余が出ない可能性がある場合には、原則として、競売手続を取り消さなければならない（民執63）。

取消しがなされると、債権が回収できないばかりか、執行予納金もほとんど返還されず（買受け見込み額は物件調査や物件評価終了後に判明するため）、依頼者に損害を被らせることになる。無剰余取消しの可能性があるかどうか、申立前に慎重に検討すべきである。

▼参考書式５　不動産強制競売申立書

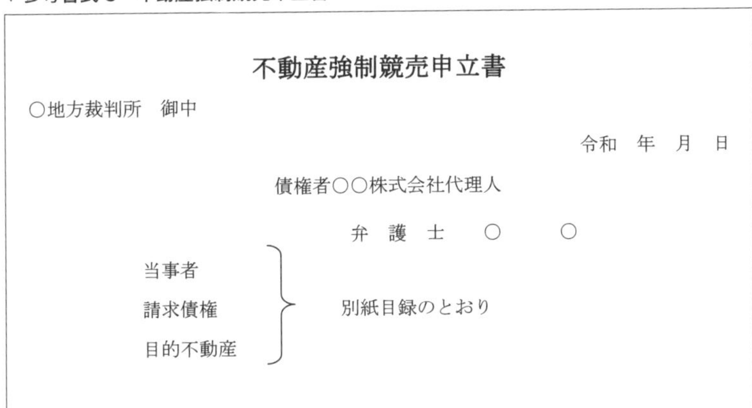

不動産強制競売申立書

○地方裁判所　御中

令和　年　月　日

債権者○○株式会社代理人

弁　護　士　○　　○

当事者
請求債権　　別紙目録のとおり
目的不動産

債権者は、債務者に対し、別紙請求債権目録記載の執行力ある公正証書の正本に表示された上記債権を有しているが、債務者がその支払をしないので、債務者所有の上記不動産に対する強制競売の手続の開始を求める。

添付書類

１　執行力ある判決正本　　１通
２　送達証明書　　１通
３　不動産登記簿謄本　　２通

4　公課証明書　　1通

5　資格証明書　　2通

6　委任状　　1通

7　特別売却に関する意見書　　1通

8　物件案内図　　1部

9　公図写し　　1部

１０　建物間取図　　1部

当　事　者　目　録

〒000-0000　東京都〇〇区〇〇丁目〇番〇号

債　　権　　者　　〇〇株式会社

上記代表者代表取締役　〇　　〇

〒000-0000　東京都〇〇区〇〇丁目〇番〇号

〇〇法律事務所（送達場所）

上記債権者代理人弁護士　　〇　　〇

電　話　０３－××××―××××

ＦＡＸ　０３－××××―××××

〒000-0000　大阪府〇〇市〇〇丁目〇番〇号

債　　務　　者　　株式会社△△

上記代表者代表取締役　〇　　〇

請　求　債　権　目　録

金〇〇〇万〇〇〇〇円

〇〇地方裁判所令和〇年（ワ）第〇号売買代金等請求事件の執行力ある判決正本に表示された下記金員

（1）元本　金〇〇万円

（2）損害金　金〇万〇〇〇〇円

ただし、上記（1）に対する令和　年　月　日から同年　月　日まで年１０パーセントの割合による金員

物　件　目　録

１．所在　〇郡〇町〇字〇

地番　〇番〇

地目　宅地

地積　〇平方メートル

２．所在　　　〇郡〇町〇字〇番地〇

家屋番号　〇番〇

種類　　　事務所

構造　　　木造瓦葺平家建

床面積　　〇平方メートル

附属建物の表示

符号　　　１

種類　　　倉庫

構造　　　鉄骨造スレート葺２階建

床面積　　１階　〇平方メートル

２階　〇平方メートル

3　債権執行

債権執行の実務上の留意点、特徴としては、①不動産執行と比較して費用が低額であること、②短時間で回収可能であること、③転付命令・譲渡命令により簡易に債権回収を図ることができる場合があること、④差押えの範囲、差押禁止財産に注意すべきこと、などがある。順次みていこう。

(1)費用が低額であること　債権執行（申立書については140頁の参考書式6参照）を行うためには、申立書貼用印紙（2022年12月現在4000円。なお、第三債務者の数は申立手数料には反映されない）と予納郵券（裁判所ごとに定められている）が必要である（その他特許権、商標権等登録の差押えが必要な場合は登録免許税が必要である）。

このため、差押先（第三債務者）を多数にして1通の申立てで行うことができる。たとえば、複数の金融機関の口座が判明している場合に、1通の申立書で複数の金融機関の債務者の口座を差し押さえることができる。もっとも、複数の金融機関の口座を差し押さえる場合、請求債権額を各口座に任意に割り付ける必要があり、各口座に割り付ける金額を工夫することが肝要である。たとえば、預貯金残高が多額であると見込まれる口座に多くの請求金額を割り付け、あまり残高がないと見込まれる口座には少なく割り付ける、などである。

(2)短期間での回収　債権差押えは、申立てを行った後、差押命令が第三債務者に送達されて効力が生じ（民執145①)、債務者に差押命令が送達されてから1週間を経過すれば、差押債権を取り立てることができる（民執155)。

預金債権や売掛金（存否・額など疑義がない場合）などの場合は、任意の取立てに応じるのが通常なので、短期間での回収が可能である。

(3)差押債権の特定　債権差押えをするにあたって重要なのは、債務者が有している債権を特定しなければならないということである。差押債権の特定のためには第三債務者を特定のうえ、債権の発生原因を特定する必要がある。債務者に対する情報が十分でない場合に差押債権を特定することは容易でないことが多い。預金債権の場合は金融機関とその支店まで特定する必要がある。情報が不足する場合は、債務者の本支店近くにある金融機関を網羅的に差し押さえることもある。また、債務名義を有することが前提だが、弁護士会照会制度（弁護23の2）を利用して照会すれば全支店の口座を回答する金融機関もある。さらに、後述の財産開示手続で金融機関の口座の調査も可能となる。

売買代金債権や請負代金債権など債務者の業務活動によって生じた債権の特定は情報が不足していると困難なこともあるが、最低限第三債務者と債権の種類がわかれば、これをもとに申し立てることも実務ではしばしばある。差押債権の特定方法については、民事保全の参考書ではあるが『書式　民事保全の実務』（民事法研究会）の仮差押債権目録の記載例集が参考になる。

(4)第三債務者による相殺　債権差押えの対象となった債権の第三債務者が債務者に対して反対債権を有している場合がある。このような場合で、第三債務者と債務者間に相殺予約（債務者の第三債務者に対する債権が差し押さえられたときには、第三債務者が債務者に対する反対債権の期限の利益を喪失して即座に相殺する旨のあらかじめの合意）がある場合には、差押えと同時に相殺がなされ第三債務者の相殺が優先されることになる。その結果、第三債務者が実質的に債権者よりも先に相殺によって債権回収を図れることになり、相殺後に債権が一部残るときはその債権額にのみ差押えがなされることになる。たとえば、債務者の金融機関に対する預金債権を差し押さえた場合に、金融機関が債務者に貸金債権を有している場合には、差押えと同時に金融機関の相殺により貸金債権が回収されることになる。債務者の預金債権が貸金債務よりも多いときはその差額のみについて差押えの実質的な効果が生じることになる。債権者が債権差押えをする場合には、当該金融機関に借入れをしていないなどできるだけ第三債務者からの相殺がない債権を選択すべきということになる。

(5)転付命令・譲渡命令の活用　転付命令とは、差し押さえた債権の支払いに代えて券面額で差押債権者に移転させること（民執159①）である。たとえば、請求債権が1000万円で、預金債権が900万円ある場合に、900万円を債権者が取得することにより1000万円の債権を満足（債務者からすれば1000万円の債務が消滅する）する手続である。また、譲渡命令は、特許権、商標権などを差し押さえた後、評価人の評価額で特許権、商標権が債権者に移転する手続である。

これらで注意すべき点は、券面額で移転するため、たとえば預金債権が金融機関の相殺によりゼロになった場合は、0円が移転され、請求額である1000万円も消滅してしまうというリスクがあるということである。

(6)差押えの範囲、差押禁止財産に注意　個人の債務の差押えの場合であるが、給与債権（4分の3）、退職金（2分の1）、年金債権など、差押禁止財産があることに留意すべきである。

▼参考書式6　債権差押命令申立書

債権差押命令申立書

○○地方裁判所民事部　債権執行係　御中

令和　　年　　月　　日

債権者代理人

弁　護　士　　○　　○

当　事　者
請求債権
差押債権
｝別紙目録のとおり

債権者は、債務者に対し、別紙請求債権目録記載の執行力ある公正証書正本に表示された上記請求債権を有するが、債務者が支払をしないため、債務者が第三債務者らに対して有する別紙差押債権目録記載の債権の差押命令を求める。

添　付　書　類

1．執行力ある公正証書正本　　1通
2．送達証明書　　1通
3．資格証明書　　3通
4．委任状　　1通

当　事　者　目　録

〒000-0000　東京都○○区○○丁目○番○号
債　　権　　者　○○株式会社
上記代表者代表取締役　○　　○

〒000-0000　東京都○○区○○丁目○番○号
○○法律事務所（送達場所）
上記債権者代理人弁護士　○　　○
電　話　03－××××－××××
FAX　03－××××－××××

〒000-0000　大阪府○○市○○丁目○番○号
債　　務　　者　株式会社△△
上記代表者代表取締役　○　　○

〒000-0000　大阪府○○市○○丁目○番○号
第　三　債　務　者　株式会社○○銀行
上記代表者代表取締役　○　　○
（送達場所）
〒000-0000　愛知県○○市○○町○○番地
株式会社○○銀行　○○支店

請求債権目録

金○○○万○○○○円

1　○○法務局所属公証人○○作成令和○○年第○○号○○契約公正証書に表示された下記債権

（1）元本　金○○万円

（2）損害金　金○万○○○○円

ただし、上記（1）に対する令和　年　月　日から同年　月　日まで年１４．６パーセントの割合による金員

2　執行費用　金○万○○○○円

（内訳）

本命令申立手数料	金○○○○円
本命令送達手数料及び同通知費用	金○万○○○○円
本命令申立書作成及び提出費用	金○○○○円

差押債権目録１

1　金○○○万○○○○円

債務者が上記第三債務者らに対して有する下記預金債権のうえ、下記の順序に従い、各差押金額にみつるまで

記

1　差押えのない預金と差押えのある預金とがあるときは、次の順序による。

(1)　先行の差押・仮差押のないもの

(2)　先行の差押・仮差押のあるもの

2　円貨建預金と外貨建預金があるときは、次の順序による。

(1)円貨建預金

(2)外貨建預金（差押命令が第三債務者に送達された時点における第三債務者の電信買相場により換算した金額（外貨）。ただし、先物為替予約がある場合には、原則として予約された相場により換算する。）

3．数種の預金があるときは、次の順序による。

(1)　定期預金　(2)　定期積金※　(3)　通知預金

(4)　貯蓄預金　(5)　納税準備預金　(6)　普通預金

(7)　別段預金　(8)　当座預金

※ただし、定期積金については、本命令送達時における現在額を限度とする。

4．同種の預金が数口あるときは、口座番号の若い順による。

なお、口座番号が同一の預金が数口あるときは、預金に付せられた番号の若い順序による。

4　強制執行着手の順序

(1)執行可能な資産が複数ある場合の着手の順序の原則　強制執行の対象となるべき資産が複数ある場合、どの資産から執行に着手すべきか。抽象的にいえば、仮差押えが先行しているかどうか、回収すべき金額の多寡、手続の速さ、などを総合考慮して、これまで述べた対象財産の特徴に留意して、強制執行の目的である回収金額の最大化を原則としつつ、早期回収の観点を検討して決めることになる。

(2)執行可能な資産が仮差押えしている資産のみの場合　執行可能な資産が仮差押えしている資産しかない場合は、仮差押えしている資産を本差押えして、執行手続を進めることになる。

(3)仮差押えしている資産のほかに執行可能な資産がある場合　仮差押えしている資産のほかに執行可能な資産がある場合は、回収金額を最大化するため執行可能な他の資産から執行に着手し、その後仮差押えしている資産の執行手続を行うことが原則となる。

もっとも、仮差押えしている資産の種類（債権だと消滅等しやすいので先に着手する)、数（1つの債務名義で複数資産に着手できるかどうか。預金債権の場合など)、債務者の状況（債務者に法的清算の可能性がある場合は、早期に回収しなければ（仮）差押えをした意味がなくなる）によっては、仮差押えしている資産から先に着手して早期に回収を図る必要がある場合も考えられる。

5　複数回執行する場合の手続

執行文は1つの債務名義で1回のみ付与されるのが原則である。しかしながら、1回の執行では債権全額の回収ができない場合がある。

そのため、執行文の数通付与（再度付与）の制度があり（民執28①）、再度執行文を付与した場合は、債務者にその旨通知される（民執規19）ので、強制執行の準備をしていることが債務者に判明してしまうことに注意が必要である。

6 財産開示手続

債務者の執行可能な財産が判明していない場合、民事執行法上の財産開示手続の利用を検討すべきである（民執196以下）。

財産開示手続は、金銭債権の債務名義をもつ債権者の申立てにより、債務者を財産期日に裁判所に呼び出し、所有する財産を述べさせる手続で、強制執行等により債権回収を図るためのツールの1つである。しかしながら、従前は、財産開示手続に強制力はなく、債務者が呼び出しに応じない場合も多く、実効性に乏しくあまり使われることがなかった。

そこで財産開示手続の実効性を高めるため、2019年5月に改正がなされた。

1つは、従前、申立権者として支払督促（民執22(4)）を有する債権者などが除外されていたが、すべての執行力のある金銭債権の債務名義を有する者へと広がった（民執197）。

また、債務者が正当な理由なく、財産開示期日の不出頭、陳述拒否または虚偽陳述をした場合、従前は30万円以下の過料であったのが、6か月以下の懲役または50万円以下の罰金という刑事罰が科されることになった（民執213①(5)・(6)）。

2022年現在までの新聞報道で、上記刑事罰の告発により捜査が開始されたり、検察庁の不起訴処分に対し検察審査会が起訴相当の議決が出されたとの記事があるなど、実効性が高まっており、実際筆者（國塚）も改正以後複数回の申立てを行っている。不誠実な債務者に対し債権者が刑事告発という強力な武器を得たことの影響は大きい。

7　第三者からの情報取得手続

金銭債権の債務名義を有する債権者が強制執行等をしたが功を奏しなかった場合に、当該債権者が第三者から債務者の財産の情報を取得できる手続が新設された（民執207）。

対象となる債務者の財産は、①不動産、②給与債権、③預貯金・上場株式等であり、それぞれ①法務局、②市町村・日本年金機構、公務員共済組合など厚生年金の実施機関、③金融機関・証券会社等に対し、債務者の情報開示を求めることになる。

注意すべき点としては、②の申立権者は養育費等にかかる請求権または人の生命もしくは身体の侵害による損害賠償請求権がある債権者に限定されること、および①と②は財産開示手続の前置を要件としているが、③は、財産開示手続を行わなくても情報取得が可能な点である。

【 ***Answer*** 】

回収する債権額の最大化、早期の換価の観点から、債務者に複数の資産がある場合にどの資産から強制執行の申立てを行うか検討する。その際、不動産、債権、それぞれの長所、短所を十分に理解したうえで、当該事案に応じた強制執行の申立てを行う。

換価すべき財産がない場合は、財産開示手続や第三者からの情報取得手続の利用を検討する。

7…事件の後処理

Case

売掛金2800万円と売却した工作機械の返還を求めた訴訟で勝訴した債権者A社はその後、仮差押えをかけた不動産の競売と預金債権に対する差押えにより満額の回収ができた。A社の代理人であるノボル弁護士がこのあと、ほかにすべきことはあるか。

●●●

ノボル：A社の事件も無事に終わり、なによりです。あとはA社に報酬を請求するだけですね。僕も鼻高々で、A社の担当者と今度打ち上げをやろうと話をしています。

姉　弁：どうもご苦労さま。でも、ほかにやり残していることはない？

ノボル：僕のほうで委任契約書に基づく報酬の試算をして所長に報告するくらいでしょうか。

姉　弁：預かり金の清算は？

ノボル：あ…。すみません。事務局に指示をします。

姉　弁：預かり原本の返却はどうなっているの？

ノボル：すみません。それもまだです…。A社から原本を預かったときに預かり証を発行しているので、預かり原本を返却するときに受領証をA社から出してもらうようにします。

姉　弁：そのほかには何もない？ 今回提訴前に不動産仮差押えをやったわね。それで何か思い当たらないの？

ノボル：たしかに仮差押えをやりました。思えばそのおかげで全額回収ができました。やっぱ先輩のアドバイスのおかげです！

姉　弁：仮差押えの際に担保金を積んでいるでしょう。A社が現金供託をしているわよね。その払戻しがまだでしょう。どのような手続でやるつもり？

ノボル：あ、そうでした。すっかり忘れてました･･･。手続は･･･調べてから報告します。

Check List

- □預かり金の清算はできているか〔→ **2**〕
- □預かり原本の返却はできているか〔→ **3**〕
- □民事保全の担保取消しに必要な書類はそろっているか〔→ **4**〕
- □弁護士報酬の算出は委任契約書に基づいているか〔→ **2**〕

［ 解 説 ］

1　事件の終了と清算

裁判手続によるか否かにかかわらず、依頼者との間の委任契約が目的を達成すれば委任契約は終了する。また、弁護士からの辞任や依頼者からの解任といった契約解除（民 651 ①）、あるいは委任者、受任者の死亡や破産または受任者の後見開始といった法定の事由（民 653）が生じたときにも委任契約は終了することになる。そうした場合に、受任者である弁護士は依頼者から、または依頼者のために預かっている金品の清算をしなければならない。これは委任者、受任者間の私法上の権利義務というだけでなく、弁護士倫理上の弁護士としての義務でもある（弁護士職務基本規程 45）。

また、仮差押えや仮処分といった民事保全手続をとっていた場合は、通常、担保を立てることになるが、事件が終了した場合には担保取消し等の手続により担保の払戻手続をすることになる。もっとも、これは事件終了後の事務の清算というよりも、委任契約に基づく委任の範囲になっているものであろうから委任事務そのものということになる。

つまり、担保取消し等の手続がすまないと事件処理は終了しないのである。なお、委任契約の解除（辞任、解任）や法定事由により委任契約が終了した場合に、担保取消し等の手続を当該受任者（弁護士）が行うべきであるかはそれぞれの事案により異なるであろう。

2 預かり金の処理と清算

弁護士が職務を行うにあたって依頼者から金員を預かることは少なくない。たとえば仮差押えの担保のために依頼者から金員を預かり、弁護士が供託することもあるし、事件の受任にあたってあらかじめ想定される実費相当分を概算で預かっておき実費の支払いが生じる都度、ここから支弁することもある。また、依頼者から預かるだけではなく、第三者から依頼者のために金員を預かることもある。相手方から和解金を直接依頼者ではなく、弁護士に対して支払ってもらい、弁護士がこれをいったん預かり、依頼者に支払うこともある。

このような預かり金については、日弁連の「預り金等の取扱いに関する規程」に従って処理をしなければならない。なお、単位弁護士会で日弁連とは別の預かり金規程を作っていることもあるから、それについても留意する必要がある。日弁連の規程によると、弁護士は依頼者からあるいは依頼者のために金員を預かる場合は、自己の金員と区別して保管しなければならず、1つの事件または1人の依頼者について50万円以上の金員を14営業日以上にわたって預かるときは、預かり金専用の口座で保管しなければならない。預かり金専用口座には原則として預かり金の専用口座であることを明示する文字を用いた口座名義を用いなければならない。

事件の終了など預かり金の清算をすべき時が来たら、当然のことであるが、預かり金を依頼者に返還するなど清算をしなければならない。事件が成功裏に終わり、弁護士報酬が生じる場合に、依頼者に返還すべき預かり金から弁護士報酬を差し引いて返還することがなされることもあるが、これは弁護士報酬が委任契約書によって一義的に算出される場合に可能であり、弁護士報酬が決まらない（あるいは弁護士の側が一方的に主張しているだけの）額をもって預かり金から差し引くと依頼者との間でトラブルになる可能性があるから注意が必要である。特に、委任契約書も作成せずに弁護士が勝手に決めた弁護士報酬を預かり金から差し引き、残額のみを依頼者に返還したことにより懲戒処分になった例もあるので、留意すべきである。

3　預かり品の返還

弁護士が依頼者等から預かる物品として典型的なものは書証の原本である。そのほか、書証以外の証拠物を預かることもある。預かり金と同様に、依頼者から預かる場合もあれば、第三者から依頼者のために預かる場合もある。また、返還の時期が到来すれば速やかに返還するなど清算をする必要がある。

預かり品の場合に注意が必要なのは、何を預かったのか後になって不明になることがないようにしておくことである。特に事件が長期化した場合に預かり品の明細が不明になることがある。書類の原本等を預かったときには、預かり証を発行するなど、依頼者と弁護士のいずれがその原本を保有しているのか、明確にしておく必要がある。受任の当初に預かり原本について預かり証を発行することは難しいことではないが、事件が長期化している場合で、事件の途中に順次、書類等を預かるときには預かり証の発行を失念することもないわけではないから注意をすべきである。弁護士によっては、書類はできる限り預からず、書証の原本については、書証の取調べが終わればすぐに依頼者に返してしまうやり方もあるという。依頼者とのトラブルをなくすための１つの有益な方法である。

預かり品を返還するときには、当初発行していた預かり証を返してもらうこともあるが、依頼者が預かり証を保管しているとは限らないから、預かり品の返還と引き換えに受領書を発行してもらい、預かり品の返還があったことを明確にしておくことが必要である。

4　担保取消し等の手続

(1)立担保の趣旨と担保取消し　民事保全手続では、債権者が債務者のために担保を立てて保全命令が発令されるのが通例である。これは、保全命令が違法ないし不当であった場合にその発令や執行より債務者が損害を被ることになるかもしれず、債権者がその損害賠償義務を履行するために担保が提供されるものである。

そのため、提供した担保を債権者が払い戻してもらうためには、債務者に損害が発生していないか、担保権を放棄する意思が認められることが必要となる。具体的には、①担保の事由が消滅した場合、②担保権利者たる債務者が担保の取消しに同意をした場合、③債権者が債務者に権利行使をするか催告をして債務者が一定期間内に損害賠償請求等の権利行使をしない場合の3つの場合に担保取消しが認められる。民事保全法4条2項は民事訴訟法を準用して担保について規定している。

(2)担保の事由が消滅した場合（民訴79①）　債権者の申し立てた保全命令が違法、不当ではなく債務者に損害が発生しないことが明らかになれば担保の提供を続ける必要はなくなる。つまり、担保の事由が消滅すれば担保取消しが可能となる。具体的に担保の事由が消滅した場合とは、保全処分後の本案訴訟で被保全債権の存在が認められ、それが確定することである。典型的には債権者の勝訴判決が確定したことが挙げられる。当然のことながら、本案訴訟で認容された権利と保全命令の被保全債権が同一でなければならない。判決のみならず、債務者が債権者の請求を本案訴訟で認諾した場合や請求を全面的に認める内容の和解や調停が成立した場合も担保の事由が消滅した場合に該当する。しかし、支払督促の場合は担保の事由が消滅した場合には該当しない。

担保の事由が消滅した場合には担保取消申立書に勝訴判決の正本の写し（ただし、正本照合を要する。以下同じ）または謄本に判決確定証明書を付けて申請する。上記のとおり確定判決だけではなく、認諾調書、和解調書、調停調書の正本の写しまたは謄本も添付書類となる。

(3)債務者の同意がある場合（民訴79②） 担保権利者である債務者が担保取消しに同意をするということは、担保権を放棄することである。したがって、債務者の同意があれば担保取消しができることになる。担保取消しの同意はあくまでも担保権の放棄であって損害賠償請求権の放棄ではない。

この場合の担保取消しの手続は、担保取消申立書に債務者本人の同意書と印鑑証明書（債務者の代理人弁護士の場合は委任状が必要になるが、印鑑証明書は不要である）のほか、実務では担保取消決定正本受書と即時抗告権放棄書の提出が必要となっている（同意書と放棄書については参考書式7・8参照）。また、裁判上の和解で担保取消しの同意をすることもあり、その場合は和解調書の正本の写しまたは謄本が添付書類となる。

▼参考書式7　担保取消しのための同意書

令和　　年　　月　　日

○地方裁判所　御中

同　意　書

供託金○万円

上記は、債権者○○株式会社及び債務者株式会社△△間の御庁令和○年（ヨ）第○号不動産仮差押命令申立事件について、債権者○○株式会社から担保として御庁に提出中のところ、このたび当事者間に示談が成立したので、上記担保の取消に同意します。

被申立人
大阪府○市○町○丁目○番○号
債務者　株式会社△△
上記代表取締役　○　○

▼参考書式８　担保取消しのための即時抗告権放棄書

令和　　年　　月　　日

○地方裁判所　御中

即時抗告権放棄の上申書

申立人　（債権者）　○○株式会社
被申立人（債務者）　株式会社△△

上記当事者間の御庁令和　　年（　　）第　　　　号担保取消決定申立事件について、申立人からの申立によって令和　　年　　月　　日御庁でなされた担保取消決定に対し、被申立人は即時抗告いたしません。

被申立人
大阪府○市○町○丁目○番○号
債務者　株式会社△△
上記代表取締役　○　○

(4)権利行使催告（民訴79③）　確定判決や債務者の同意が得られない場合、たとえば本案訴訟を提起したが勝訴判決が得られず和解もできないというケース、あるいは保全処分が不奏功に終わり本案訴訟をやっても意味がないということもある。このような場合に、いつまでも担保取消しができないというのは合理性に欠ける。少なくとも担保権利者である債務者が損害賠償請求という権利行使を一定期間しなかった場合には担保取消しが認められてもよいはずである。そこで、訴訟が完結したときは、裁判所は担保提供者の申立てにより、担保権利者に対して一定の期間内に損害賠償請求権を行使すべきことを催告し、担保権利者がその期間内に権利行使をしなかったときは担保取消しに同意したものとみなされることとなっている。ここで訴訟の完結とは、民事保全手続においては保全執行が完全に解放され、執行期間の経過等により将来執行される可能性がなくなったことをいう。本案訴訟が提起される前は保全命令の取下げおよび執行解放がなされた場合であり、本案訴訟提起後は、本案訴訟において債権者が全部または一部敗訴した判決の確定または請求放棄または訴えの取下げがある場合または債権者の敗訴的和解や調停が成立した場合であって、保全執行が解放されたときである。

権利行使催告の場合、担保取消申立書には、本案訴訟提起後は、①本案全部または一部敗訴判決正本の写しまたは謄本と判決確定証明書、②訴えの取下げにより本案訴訟が終了した場合は訴え取下証明書、③請求放棄または敗訴的和解や調停の場合はその調書の正本の写しまたは謄本を添付し、本案訴訟が未提起の場合はその旨の上申書を添付する。また、いずれの場合も保全処分の申立ての取下書および保全執行の解放を証明する書面（占有移転禁止仮処分については執行官の執行取消証明書）を提出しなければならない。

【 ***Answer*** 】

本案訴訟で勝訴し、強制執行が奏功して債権回収ができたとしても、弁護士の任務が終わったわけではない。仮差押え等の民事保全の手続をしていれば担保取消しにより担保の払戻しを受けなければならない。また、書証の原本などの預かり品を返還し、預かり金については清算しなければならない。

第 **4** 章

債権管理のリスクマネジメント

1…取引先が破産申立て。どうする?

Case

(1) 債権者A社が債務者B社に対する工作機械の売買代金債権を保全するために、B社が取引先に対して有する売買代金債権に対して仮差押えをしたところ、B社が自己破産の申立てをした。A社がとれる手段にはどのようなものがあるか。

(2) A社がB社に工作機械を売却した場合に工作機械に所有権留保特約が付されているとき、A社としてはどのようなことができるか。この場合において、B社が民事再生手続の申立てをしたときはどうか。また、会社更生手続の申立てをした場合はどうか。

(3) 買主B社が商社で、A社から購入した工作機械をC社に転売していた場合で、転売債権の弁済期が未到来のとき(転売代金はC社からB社に対していまだ支払われていないとき)、A社はどのようなことができるか。

•••

ノボル：先輩、A社の取引先だったB社が倒産しました･･･。せっかく債権回収を頑張ってきたのに、倒産してしまったら、もうどうしようもないですね･･･。

姉　弁：依頼者が「もうダメだ」と思っているところから、「何ができるのか！」と知恵を絞るのが弁護士の腕の見せどころでしょ。そういう積み重ねが、お客さんからの信頼につながるのよ。･･･そもそも「倒産」というけど、破産、民事再生、会社更生、特別清算のどれ？ それとも私的整理で弁護士から受任（介入）通知が届いたの？ あるいは夜逃げ？

ノボル：すみません。「倒産」としか聞いていなくて･･･。

姉　弁：どんな「倒産」なのかによって、とりうる手段も変わってくるから、まずはＢ社の現状について調査しなさい。こういうことは当事者のＡ社が一番詳しいはずだから、情報収集をお願いしなさい。こういうの、あなた自身がＡ社に行って担当者から直接話を聞くのが効果的よ。特に若いうちは積極的に事務所から出て、現地へ行ったり、関係者から話を聞いたりしなきゃダメよ。

ノボル：わかりました！

Check List

□その「倒産」は法的倒産手続か、私的整理手続か〔→ **1**〕
□法的倒産手続だとして、清算型（破産・特別清算）か、再建型（民事再生、会社更生）か〔→ **1～3**〕
（破産の場合）
□引き渡した商品について動産先取特権、転売代金について物上代位権の行使はできないか〔→ **4**〕
□破産債権者として債権届出ができるか〔→ **2**〕
□工作機械の別除権者として引渡しを求められないか〔→ **4**〕
□工作機械の別除権者として、破産管財人による別除権の受戻しに協力することで債権の回収ができないか〔→ **5(1)❶**〕
（民事再生の場合）
□再生債権者として債権届出ができるか〔→ **3**〕
□工作機械の別除権者として引渡しを求められないか〔→ **4**〕
□工作機械の別除権者として、再生債務者と別除権協定を締結することによって債権の回収ができないか〔→ **5(2)❸**〕
（会社更生の場合）
□更生担保権者として債権届出ができるか〔→ **4**〕

［解説］

1　倒産処理手続の種類（法的整理と私的整理、清算型と再建型）

倒産処理手続は、法的整理と私的整理、清算型と再建型という大きく4つの枠組みに分けられる。

法的整理とは法律に基づいて裁判所の関与のもと債務を整理する手続であり、私的整理とは私的なルールや協議に基づいて債務を整理する手続である。また、清算型とは債務者の総財産を換価・処分し、その金銭を債権者に配分するという手続であり、再建型とは債務者の財産を維持して経済活動を継続し将来の収益を原資として弁済をする手続である。

そして、法的整理と私的整理には、それぞれ清算型と再建型の手続がある。

法的整理の清算型は、破産手続（破産法）と特別清算手続（会社法）であり、法的整理の再建型は、民事再生手続（民事再生法）と会社更生手続（会社更生法）である。法的整理によらない私的整理においても、財産を換価・処分・弁済した後に廃業をする清算型手続と、債務者の財産を維持して経済活動を継続し将来の収益やスポンサーからの支援を原資として弁済をする再建型手続がある。なお、私的整理は、債務者（代理人）と債権者のみで協議を行う純粋私的整理と、一定の準則に従い手続を進める準則型私的整理手続があり、準則型私的整理には、私的整理ガイドライン、事業再生実務家協会による事業再生ADR、地域経済活性化支援機構（REVIC）による再生支援スキーム、中小企業活性化協議会による協議会スキーム、特定調停、中小企業の事業再生等に関するガイドライン等がある。

以下においては、実務上利用の多い破産手続と再生手続についてみていく。

2　破産手続の概要

債務者が支払不能（破15①）または債務超過（法人に限る）（破16①）の状態にあるときは、申立棄却事由がない限り、申立てにより破産手続が開始される（破30①）。

破産手続開始決定後は、同時廃止（破216①）にならない限り、裁判所によって破産管財人が選任され（破74①）、破産財団に属する財産の管理処分権は、破産管財人に専属する（破78①）。債権者の債権は、発生時期や内容により、財団債権、優先的破産債権、一般の破産債権、劣後的破産債権、約定劣後破産債権に分けられ、どの債権に該当するかにより、弁済を受ける時期や配当の割合が異なる。

破産債権者は、破産法に特別の定めがある場合を除き、破産債権を破産手続によらなければ行使することができず（破100①）、破産財団に属する財産に対して強制執行、仮差押えまたは仮処分等は行えず（破42①）、破産財団に対してすでになされている強制執行、仮差押え、仮処分は効力を失う（同②）。

破産手続開始決定後には、破産債権の届出・調査・確定手続がなされ（破111以下）、並行して、破産管財人は、破産財団に属する財産を管理・換価し、破産財団の増殖を図る。破産財団を形成できた場合には、債権の種類に応じて、配当を実施するが（破193以下）、破産財団をもって破産手続費用を支弁するのに不足する場合には、破産手続は廃止となる（破216以下）。

なお、個人の自己破産の場合には、反対の意思を表示しない限り、破産手続の申立てと同時に、免責許可手続を申し立てたものとみなされ（破248④）、免責許可決定がなされると、破産者は原則としてすべての債権につき責任を免れる（破253①本文）。

3　民事再生手続の概要

債務者に破産手続開始の原因となる事実の生ずるおそれがあるとき、または債務者が事業の継続に著しい支障をきたすことなく弁済期にある債務を弁済することができない状態にあるとき（法人に限る）は（民再 21 ①）、申立棄却事由（民再 25）がない限り、申立てにより再生手続が開始される（民再 33 ①）。

再生手続開始決定後も、再生債務者には財産の管理処分権が認められるが（民再 38 ①）、再生債務者は、債権者に対して公平かつ誠実に業務執行権および財産の管理処分権を行使し、再生手続を追行すべき義務を負う（公平誠実義務。民再 38 ②）。実務では、裁判所により監督委員が選任され（民再 54 ①）、再生債務者を監督しながら手続を進めるのが通常である。債権者の債権は、発生時期や内容により、共益債権、一般優先債権、一般の再生債権、開始後債権等に分けられ、どの債権に該当するかにより、弁済を受ける時期や配当割合が異なる。

債権者平等の原則を確保・実現するため、特別の定めがある場合を除き、再生債権は再生計画によらなければ弁済などを行うことはできず（民再 85 ①）、再生債権に基づく強制執行、仮差押えもしくは仮処分を新たに申し立てることは禁止され、すでに申し立てられている強制執行、仮差押え、仮処分等については中止する（民再 39 ①）。

再生手続開始決定後には、再生債権の届出・調査・確定手続がなされ（民再 94 以下）、並行して、再生債務者の財産を調査・確保する手続が行われる（民再 124 以下）。再生計画案が作成・提出され（民再 154・163）、裁判所による付議決定があると、債権者による決議がなされる（民再 169 以下）。再生計画案が可決され（民再 172 の 3）、認可されると（民再 174 ①）、再生債務者等は、その再生計画を遂行する（民再 186 ①）。

監督委員が選任されている場合において、再生計画が遂行されたとき、または、再生計画認可の決定確定後 3 年を経過したときは、裁判所は、再生手続終結の決定をする（民再 188 ②）。

4　担保権者の立場

(1)別除権者としての権利行使　破産手続においては、破産財団に属する財産の上に特別の先取特権（商法または会社法上の留置権を有する者を含む）、質権、抵当権を有する者は、別除権者として扱われる（破2⑨・65①）。再生手続においても、再生債務者の財産上に特別の先取特権、質権、抵当権または商法もしくは会社法の規定による留置権を有する者は、別除権者として扱われる（民再53①）。実務上、いずれの手続においても、譲渡担保権者、所有権留保売買の売主やフルペイアウト方式のファイナンス・リースのリース会社といった非典型担保権者は、別除権者として扱われている。

別除権者は、破産手続・再生手続によらずに、担保権を本来の実行方法によって実行し、被担保債権を回収することができる（破65①・民再53②）。そもそも、担保権はこのような債務者の経済状態が悪化した場合に備えるためのものであるから、破産手続ないし再生手続においてもその立場は優遇されているのである。なお、別除権者は、別除権の行使によって満足を受けることができない部分について破産債権ないし再生債権として届け出ることになる（破108①本文、民再94②）。

したがって、別除権者は、競売、担保不動産収益執行、直接の取立て、物上代位の行使等の方法で、債権の回収を図ることが可能である。

これに対し、会社更生手続では、担保権者は更生手続にとりこまれ、個別に担保権の実行はできない。担保権者は更生担保権の届出をし、担保権の評価を経て更生計画に従った弁済を受ける。

(2)動産先取特権を例として　たとえば、動産売買の売主が、買主に対し、目的物を引き渡した後、買主が支払いをせずに破産手続開始決定を受けた場合、売主は次の方法で、債権を回収することができる。

動産先取特権（民311(5)）は、特別の先取特権であるから、破産手続において別除権の対象となる（破2⑨）。破産管財人が目的物を管理するとしても、「第三取得者に引き渡した」（民333）とはいえず、先取特権は消滅しない。したがって、売主は動産先取特権者として、執行裁判所の動産競売開始決定を受けることにより（民執190）、破産管財人の管理する目的物につき、動産売買先取特権を実行することができる。具体的には、担保権の存在を証する文書（注文書、受書、納品書、売買契約書等）を添付して動産競売開始許可の申立てを行い、執行裁判所から動産競売開始許可決定が得られた場合には、この決定書を添付して動産競売の申立てを行い、執行官によって動産が差し押さえられ、売却・配当の手続がとられることになる。

また、破産者または破産管財人が目的物を第三者に売却した場合において、第三者が破産管財人に対し代金を支払っていないときは、動産先取特権者は、目的債権を差し押さえたうえで、物上代位権を行使して弁済を受けることができる（民 304 ①）。具体的には、動産先取特権の存在を証明（疎明ではない）する書面（注文書、受書、納品書、売買契約書等）を添付して債権差押命令の申立てを行い、裁判所から差押命令が得られた場合には、第三者から取り立てることになる。

ただし、競売・物上代位いずれの場合でも、裁判所によって動産先取特権の行使が認められるためには、被担保債権（売掛金等）と対象動産・差押債権の関連性・対応関係が厳しく求められる。したがって、一般的に、大量の商品在庫や個々の代金債権に対する行使はハードルが高く、認められないケースも多い。これに対して、大型・高額の機械・重機やその代金債権への行使は、対象動産・差押債権の関連性・対応関係を証明しやすいため、比較的認められやすいと思われる。

5　別除権の制約

(1)破産手続の場合　別除権者は、手続によらず担保権を実行できるとはいえ、別除権者の権利行使は、破産手続に大きな影響を与えるため、別除権の行使は以下のような制約を受けることがある。

❶別除権の目的物の受戻し：　破産管財人は、裁判所の許可を得て、別除権の目的財産を受け戻すことができる（破 78 ②⒁）。別除権の目的財産の受戻しとは、別除権の目的財産につき、別除権の被担保債権を弁済し、担保権を消滅させることである。別除権者は、別除権の受戻しを拒むことができない。

❷破産管財人による強制執行：　別除権者が、権利行使しない場合には、破産管財人が、破産手続開始決定の正本を債務名義として強制執行等の手続をとることができ（破184②)、別除権者は、これを拒むことができない。

❸担保権消滅請求：　破産管財人は、担保目的物の買主を見つけ、売却代金および財団に組み入れる金額を定め、裁判所に対し、任意売却して所定の額を裁判所に納付することにより担保権を消滅させることにつき、許可の申立てをすることができる（破186①)。

(2)民事再生手続の場合　再生債務者の事業または経済生活のために必要ないし有益な財産につき担保権が実行されると、再生債務者の再生が困難となり、ひいては、再生債権者一般の利益に反する場合がある。そのため、別除権者は、民事再生法において以下のような制約を受けることがある。

❶担保権実行中止命令：　再生債務者に、担保権者の交渉の時間を与えるために、一定要件のもとにおいて、担保権の実行手続が中止されることがある（民再31①)。

❷担保権の受戻し：　再生債務者等は、監督委員の同意を得て、別除権の受戻しを行うことができる（民事再生法41条1項9号では裁判所の許可とされているが、実務では担保権の受戻しは監督委員の同意事項とされることが多い)。

❸別除権協定：　明文規定はないが、別除権の実行を控えるよう再生債務者と別除権者の間で合意（別除権協定）を行うことが実務では通常である。再生債務者が一定額を分割等により弁済し、これを完了した場合には、担保権を消滅させる旨の合意がなされるのが通例である。

❹担保権消滅請求：　再生債務者の事業の継続に欠くことのできない財産上に別除権が設定されている場合には、再生債務者等は、裁判所に対し、当該財産の価額に相当する金銭を裁判所に納付し、担保権を消滅させることにつき許可の申立てをすることができる（民再148①)。

【 *Answer* 】

A 社の仮差押えは、B 社の自己破産の申立てによって効力がなくなる。もっとも、A 社は売買代金債権について動産売買先取特権を有することから、破産手続において別除権者として取り扱われ、破産手続によらないで行使することができる。

目的動産が破産財団中に現存している場合、競売申立てをして自ら権利行使することができ（他の債権者が競売を申し立てた場合はその手続に参加して権利行使することができる）、目的動産が第三者に転売された場合には、第三者から代金が払い渡される前であれば、動産先取特権に基づいて売買代金債権を物上代位により差し押さえることによって、売買代金を回収できる可能性がある（(1)・(3)）。

別除権の行使により弁済を受けることができない債権額（不足額）については、破産手続において破産債権者として債権届をしてその権利を行使することができる。

工作機械に所有権留保特約が付されている場合は、破産管財人に対する対抗要件を備えているのであれば、工作機械は別除権の目的物となり、破産手続によらず、引渡しを求めて任意に換価して換価代金を残代金に充当したり、または、破産管財人の任意売却時に別除権の受戻しによる弁済を受けることによって回収することができる。別除権の行使によっても満足を受けることができない部分についてこれを破産債権として届け出ることができる。工作機械に所有権留保特約が付されている場合、A 社が留保所有権を実行するか、動産売買先取特権を有するかを選択することが可能である。

民事再生手続の場合も、破産手続と同じように工作機械は別除権の目的物となるため引渡しを求めることもできるが、B 社の事業継続のために工作機械が必要なときには、再生債務者との間で別除権協定を締結して、分割弁済の方法によって回収することになる。

会社更生手続の場合は、別除権が更生担保権として会社更生手続に取り込まれるため、更生計画認可後、同計画に従った弁済を受けることとなる（(2)）。

◀コラム▶ 不誠実な債務者～詐害行為取消権

債務超過状態の債務者が、特定の債権者のみを優遇して弁済したり、大切な資産を親戚に譲渡するなどした結果、債権者がいざ債権を回収しようしたら見るべき資産がまったくない、ということがあります。

単に「勤勉な債権者が先行して回収に成功した」というなら仕方がない面もありますが、債務者が他の債権者を害することを知りながら特定の債権者と結託したような場合は、泣き寝入りせず詐害行為取消権の行使を検討してみる必要があります。

詐害行為取消権は、本来は「総債権者の利益のために」行使されるものですが、実務上、金銭については取消しを行う債権者への支払いを求めることができます（民424の9）。そして、債権者は支払いを受けた金銭を債務者に交付する義務を負いますが、この債務と自己の債権とを相殺することにより、事実上優先弁済を受けることができるのです。これは、成功すれば非常に効果的な手段となります。なお、動産も債権者への引渡しを求めることができますが、この動産を債権者の債権の弁済に充てることは認められていません。また、不動産については債務者への名義変更が認められるにとどまりますので気をつけましょう。

ちなみに、逆の立場で、債務者の代理人になっているときに、債務者から「親戚からの借金だけは返済したい」とか「この資産を友人に代物弁済したことにして守りたい」といった相談をされることもあります。このようなことを安易に認めてしまうと、債権者からの信頼を失い、その後の債務整理手続への協力を得られなくなってしまいます。また破産手続になれば管財人から否認されて弁済分の返還を求められ、結局その人に迷惑をかけることにもなります。債務整理事案においては「債権者の公平」や「手続の透明性」が重要であることを債務者本人にもよく理解してもらうようにしましょう。

（岸本史子）

2…取引先が突然夜逃げ。どうする?

Case

債権者A社が債務者B社に売り渡した工作機械の代金を支払わないため、A社がB社の預金債権に仮差押えをしたが、不奏功に終わった。A社から相談を受けていたノボル弁護士が、訴訟提起をしても債権回収ができないのではないかと悩んでいたところ、B社が営業を停止し、B社の代表者が所在不明になったとの連絡があった。ノボル弁護士としては、A社にどのようなアドバイスをすべきか。

•••

ノボル：先輩。B社ですけど、きちんとした法的手続をとったわけではなく、どうやら「夜逃げ」をした様子で、社長も行方不明です。昨日まで営業中だったらしく、工場の中には、売れる商品や使える機械が残ったままです。A社の担当者から「納品した工作機械を引き揚げてきていいですよね？」と聞かれたのですが、それはさすがにマズいですよね。

姉　弁：マズいに決まっているでしょ！ 慣れていない人は、取引先が倒産するとパニックになってそういう自力救済行為をしてしまうことがあるけど、あとから詐害行為や否認行為だと言われて訴えられたり、窃盗罪だと言われてしまうこともあるのよ。それに、このまま放っておくと、問題になったときにA社の担当者から「顧問の法律事務所のノボル弁護士から『引き揚げてよい』と言われたのでやりました」と言われるかもしれないわ。「できないこと」と「やってはいけないこと」をちゃんとアドバイスしてあげるのも弁護士の仕事よ。

ノボル：わかりました！ すぐにやめるようにメールと電話をしておきます。でも、A社の担当者に「では自分たちはどうすればいいんですか？」と聞かれたら何と答えればいいんですか？

姉　弁：先方の社長が行方不明で、B 社の協力や同意は得られないから、A 社が一方的に行使できる法的手段をとるしかないわね。事前に抵当権や質権を設定していなかったか、動産先取特権を使えないか、買掛金との相殺を主張できないか等が考えられるわね。

ノボル：実は B 社への訴訟の準備を進めていて、訴状の起案もほぼ完成しているので、訴訟は提起してしまおうと思うのですが、どうでしょう。

姉　弁：回収の目途が立つのであれば訴訟提起も 1 つの方法だけど、回収可能性がゼロか、それに近い状態なのであれば訴訟は提起すべきじゃないわ。弁護士が依頼者を煽って事件を作っちゃだめよ。火のないところに煙を立てるのは弁護士の仕事ではないと私は思うわ。それに、あとになって A 社から「弁護士費用や訴訟費用がかかったのに全然回収できなかった」と言われてトラブルになる可能性もあるわ。

ノボル：ですけど、このままだと B 社は誰も何もしようとせず、商品や機械も早い者勝ちで持っていかれるかもしれませんよ。

姉　弁：A 社が B 社の大口債権者で、商品や機械などを換価すればある程度回収できる目途が立つのであれば、債権者破産の申立ても考えられるわね。破産手続なら破産管財人が責任をもって B 社の資産・財産を換価処分して、配当という形で債権の回収ができるわ。ただし、債権者破産の申立てには、時間とお金もかかるから、最初に A 社にきちんと説明のうえ、「それでもやりますか？」と念を押して、決断してもらいなさい。

Check List

□債務者の現状（事業継続・従業員の有無等）はどうか〔→ **1**〕

□会社の登記に記載の住所から代表者の居場所を探せないか〔→ **2(4)**〕

□債務者に対して債務（売掛金、貸付金、保証金等）を負っていないか〔→ **2(1)**〕

□債務者に対する債務と債務者に対する債権とを相殺できない

か〔→ 2(1)〕

□破産法や民事再生法で禁止されている相殺ではないか〔→ 2(2)〕

□どのように債務者に相殺の意思表示を到達させるのか〔→ 2(4)〕

□債務者から他社に対する債権について債権者代位権を行使できないか〔→ 3(1)〕

□債権者代位権を行使し、自己への支払いを請求することによって優先弁済を受けることが期待できる事案か〔→ 3(2)〕

□債務者から他社に対する譲渡行為等について詐害行為取消権を行使できないか〔→ 4(1)〕

□詐害行為取消権を行使し、自己への支払いを請求することによって優先弁済を受けることが期待できる事案か〔→ 4(3)〕

□行きすぎた行動は自力救済として禁止されることを説明したか〔→ 6〕

[解説]

1 債務者が所在不明の場合

Case のように債務者が所在不明になってしまうと協議・交渉ができなくなり、債権者としては債務者との協議なしに債権回収を進めざるをえない。ここでは、債権者が単独で行える手段として、相殺、債権者代位権、詐害行為取消権をみていきたい。

2 相殺

(1)相殺の担保的機能　相殺は「債権回収の王様」といわれるほど強力な武器である。それは、債務者の了解なく一方的に債権を回収できるだけでなく、債務者が法的倒産手続に入った場合でも（一定の例外を除いて）行使できるからである。

民法では、①同一の当事者間に対立する債権があり、②両債権が同種の目的を有し、③両債権の弁済期が到来している場合には（相殺適状）、相手方に対し、意思表示をすることによって相殺をすることが認められている（民 505 ①本文）。相殺適状にある場合、各債権者には、互いの債権債務が重なりあう範囲で消滅しているとの信頼が生じ、その信頼は保護に値するとされる（相殺の担保的機能）。一方が法的整理に入り受働債権につき配当以外の責任を免れるのに対し、自働債権については全額履行を請求できるというのは、他方の債権者との関係で不公平である。

そこで、倒産手続においても、債権者は、手続によらずに相殺権を行使して、債権の回収を図ることが認められている（破 67 ①、民再 92 ①前段）。

(2) 破産手続における相殺の条件　❶相殺権の要件：　破産法は実体法上、相殺適状が生じている場合（民 505 ①）に加え、一定の場合に相殺権を主張できる場面を拡張している。すなわち、破産手続開始時において、破産債権者の自働債権が期限付き、解除条件付き、非金銭債権等であるとき、または破産債権者の受働債権が期限付き、条件付き、将来の請求権に関するものであるときにも、相殺することが認められている（破 67 ②）。

❷相殺禁止：　もっとも、破産手続において破産債権者による無限定な相殺権行使を認めると債権者平等の観点から問題がある。そこで、破産債権者が破産財団に対する債務を取得した時期に着目して、相殺権の制限の規定をおいている。すなわち、破産債権者は、①破産手続開始後に破産財団に対して債務を負担したとき（破 71 ①⑴）、②支払不能になった後に契約によって負担する債務を、もっぱら破産債権をもってする相殺に供する目的で破産者の財産の処分を内容とする契約を破産者との間で締結し、または破産者に対して債務を負担する者の債務を引き受けることを内容とする契約を締結することにより破産者に対して債務を負担した場合であり、当該契約の締結の当時、支払不能であったことを知っていたとき（同⑵）、③支払いの停止があった

後に破産者に対して債務を負担した場合で、その負担当時、支払いの停止があったことを知っていたとき（支払停止当時、支払不能であった場合に限る）（同(3)）、④破産手続開始申立後に破産者に対して債務を負担した場合で、負担の当時、破産手続開始申立てがあったことを知っていたとき（同(4)）は、相殺をすることができない。

ただし、上記②から④の場合で、債務の負担が、（ア）法定の原因によるもの、（イ）支払不能であったことまたは支払いの停止もしくは破産手続開始の申立てがあったことを破産債権者が知った時より前に生じた原因によるもの、（ウ）破産手続開始申立時より1年以上前に生じた原因によるものであるときには、相殺禁止の規定の適用はない。

破産法72条は、破産財団所属債権の債務者が、破産債権を取得した時期に着目して、相殺禁止の規定をおいている。

(3)民事再生手続における相殺の規律　再生手続においては、再生債権者の負担する債務が期限付きである場合でも相殺が可能とされているにとどまり、かつ、債権届出期間満了前に相殺適状が生じないと、相殺権の行使が認められない（民再92）。このように、民事再生手続においては、事業の再生、継続、再生計画の立案に配慮し、破産手続よりも相殺権の行使が認められる場面が狭いものとなっている。

なお、民事再生法においても、破産法と同趣旨の相殺禁止の規定がおかれている（民再93・93の2）。

また、相殺の意思表示は、破産手続の場合は手続進行中いつでもできるのが原則であるが（破73。例外あり）、再生手続の場合は債権届出期間（民再94①）の満了前に相殺の意思表示をする必要があるので（民再92①）、注意が必要である。

(4)事務所の閉鎖など事実上の倒産の場合の相殺の意思表示　法的手続によらない事実上の倒産や私的整理の場合には、破産法や民事再生法のような相殺の制約がなく、民法が定める要件によって相殺が可能となり、これによって債権回収が可能になる。倒産の局面で相殺が有効であるとしても、相殺は、相手方に対する意思表示による必要があるため（民506①）、相手方に夜逃げされてしまうと相殺権を行使できないおそれがある。相殺の意思表示は、内容証明郵便で行うのが通常であるが、債務者が所在不明となった場合には書面が相手方に到達しない可能性があるからである。

そこで、債務者が法人の場合には、会社謄本で代表者の自宅住所を確認して、自宅宛に書面を発送するという方法が考えられる。

法人または代表者が内容証明郵便を受領しないときは、特定記録郵便で送付し、債務者住所に配達されたことをウェブ上で確認のうえ、印刷した紙やデータを保管しておくべきである。あとになって意思表示の受領が争われる余地はあるが、相手方の支配圏内に配達されたとして到達を主張することは十分可能であろう。特に債務者の所在不明前後に送付しておくことは重要である。いずれにしてもやるべきことをやっておくことが求められる。

相手方の所在が不明となって長期間が経過しているという場合には、公示による意思表示という方法も考えられる（民98①）。

3　債権者代位権

(1)民法の債権者代位権　債務者が所在不明になるような事案では、権利義務関係の整理をすることなくいなくなってしまうことが多い。そうすると、本来権利行使をして資産を形成すべきものが放置されることになる。そこで債権回収の方法として登場するのが、債権者代位権である。民法は、債権保全の必要性がある場合（無資力）には、債権者に債務者の権利を債務者に代わって行使することを認めている（民423）。債務者が事実上の倒産状態にある場合は、無資力状態にあることが多いであろうから、債権回収にあたっては、債権者代位権の行使も検討すべきである。

(2)行使・効果　債権者代位権は、例外的に債務者の財産管理に介入することを認めるものであるから、被代位権利が金銭債権などの可分な給与を目的とするものであるときは、自己の債権の額の限度においてのみ被代位権利を行使することができる（民423の2）。

債権者代位権は、裁判外でも行使することができるが、債権者が第三者を被告として代位訴訟を提起したときは、遅滞なく、債務者に訴訟告知をしなければならない（民423の6）。

債権者代位権を行使した場合、その効果は、債権者に直接帰属する。被代位債権が金銭の支払いまたは動産の引渡しを求めるものである場合に、代位債権者は第三者に対し、金銭・動産を自己に直接交付し、または引き渡すよう求められることができる（民423の3前段）。この場合、代位債権者が金銭以外の動産の引渡しを受けたときには、代位債権者は被保全債権につき債務名義を得たうえで目的物に強制執行することなり、債権者平等原則のもと平等の割合で按分弁済を受けることとなる。これに対し、代位債権者が金銭を受領した場合で被保全債権も金銭債権であったときには、債務者が自己に対して有する受領金の返還請求権と被保全債権とを相殺することによって、他の債権者に優先して被保全債権の回収を図ることが可能となる。

4　詐害行為取消権

(1)民法の詐害行為取消権　債務者の中には、倒産を予期すると自分の身内や親しい者に優先的に弁済をしたり担保提供したり、場合によっては物を贈与したりする者がいる。これは、一般の債権者からするととんでもないことである。そこで詐害行為取消権が登場する。民法は、訴えを提起して、債務者が債権者を害することを知ってした行為（詐害行為）を取り消し、逸出財産を回復することを債権者に認めている（民424）。また、破産法では、破産管財人が破産手続開始前になされた債権者を害する行為を取り消して破産財団を原状に回復させる、否認権の行使を認めている（破160以下）。これらは、破産手続開始の前後という時的差異はあるものの、連続性をもつ制度であるといわれている。

民法424条において、詐害行為取消権に関する一般的要件が規定され、民法424条の2以下において、個別類型に応じた特則が規定されている。詐害行為取消権の類型は、以下のとおりである。

▼図表2　詐害行為取消権の類型

財産減少行為（狭義の詐害行為）	①債権者を害することを知ってした行為（民424） ②相当の対価を得てした財産の処分行為（民424の2）
特定の債権者に対する行為	①債務消滅行為（民424の3・424の4） ②担保供与行為（民424の3）

(2)各類型の要件　民法424条の2以下は、424条の特則であるため、424条の2以下の要件に、424条1項の要件が追加される。

❶財産減少行為：　債務者が、贈与、廉価売却、対価のない債務負担行為等、財産を減少させる行為を、債務者を害することを知ってした場合、債権者は詐害行為取消請求をすることができる（民424①）。

債務者が、不動産を時価で売却する等、相当の対価を得てした財産の処分行為については、①債務者が隠匿等の処分をするおそれを現に生じさせ、②債務者が隠匿等の処分の意思を有し、受益者が債務者の意思を認識していた場合、債権者は詐害行為取消請求をすることができる（民424の2）。

❷特定の債権者に対する行為：　債務者が、①支払不能時に、②受益者と通謀して他の債権者を害する意図をもって債務消滅行為または担保供与行為を行った場合、債権者は詐害行為取消請求をすることができる（民424の3）。

債務者が、受益者の債務の額よりも過大な価額の給付をする代物弁済をした場合において民法424条の要件に該当するときは、過大部分以外の部分については民法424条の3により、過大部分については民法424条の4により、債権者は詐害行為取消請求をすることができる（民424の4）。

(3)行使・効果　債権者取消権は債権者代位権と同様に例外的に債務者の財産管理に介入することを認めるものであるから、債務者のした行為の目的が可分であるときは自己の被保全債権の額の限度においてのみ行為を取り消すことができる（民423の2）。目的物が不可分の場合には、相手方から財産自体を返還させるのが原則であるが、現物返還が困難であるときには、価額償還を請求することができる（民424の6）。

詐害行為取消訴訟を提起した場合は、遅滞なく債務者に訴訟告知をしなければならず（民424の7②）、詐害行為取消請求を認容する確定判決の効力は、債務者およびすべての債権者に及ぶ（民425）。

また、受益者または転得者に対する返還請求が金銭の支払いである場合、取消債権者は、金銭を自己に直接交付するよう請求することができる（民424の9①）。

受益者または転得者から金銭を受領した取消債権者は、債務者が自己に対して有する不当利得に基づく返還請求権と被保全債権を相殺することによって、他の債権者に優先して被保全債権の回収を図ることが可能となる。

詐害行為取消請求の訴えは、債務者が債権者を害することを知って行為をしたことを債権者が知った時から2年を、債務者の行為の時から10年を経過したときには提起することができなくなるため（民426）、注意が必要である。

5　破産・民事再生手続における債権者代位訴訟・詐害行為取消訴訟の取扱い

破産手続においては、破産債権または財団債権者の提起した債権者代位訴訟（民423）または詐害行為取消訴訟（民424以下）が係属中に債務者について破産手続が開始された場合、訴訟手続は中断する（破45①）。

民事再生手続においても、再生債権者の提起した訴訟について同様の規定が設けられている（民再40の2①）。

6 取引先が倒産した場合の一般的な注意点・留意点

取引先が倒産した場合、倒産に慣れていない者は、不安に陥ったり、混乱するなどして自力救済行為（不法侵入、不当な引き揚げ等）に及びがちである。また、弁護士に対して、自力救済行為の相談を持ちかけてくることも少なくない。依頼者の利益を守るために業務を遂行するのが弁護士の仕事であることは言うまでもないが、法的に許されない、認められないことを依頼者にはっきりと伝えることも弁護士の重要な使命である。そして、依頼者に対してそのような姿勢で臨むことが長期的にみれば依頼者からの信頼・信用の確保につながる。

【 *Answer* 】

B社が事実上の倒産状態となった場合には、法定担保権（抵当権、根抵当権、質権、動産先取特権）の行使、買掛債権との相殺、詐害行為取消権・債権者代位権の行使など、A社が一方的に行使できる権利に基づいて債権回収を行う。

他方で、弁護士として、自力救済をアドバイスしてはいけないことはもちろん、回収の目途が立たない訴訟提起を勧めるアドバイスをすることは控えるべきである。

B社の事務所・工場内に一定の財産・資産等があるものの、代表者が所在不明のために膠着状態となっているようなときには、ノボル弁護士としては、A社がB社に対して債権者破産の申立てをして、破産手続の中で債権回収を実現することをアドバイスできる場合もある。債権者破産申立ての後、開始決定前に債権者と債務者間で和解が成立していることも実務上は見受けられる。そういったことも債権者代理人としては視野に入れて債権回収の方法を模索すべきである。ただし、自己破産に比べて要件・条件が厳しいこと、相応の予納金が必要になること、申立後の取下げもありうること等も当初から説明しておく必要がある。

3…取引先が財産隠し。どうする?

Case

債権者A社が訴訟で債務者B社に対する債務名義を取得したあと、B社が責任財産である工場の機械設備、不動産、従業員をすべて親族が経営する法人（Z社）の名義に移転させ、これまでと同じように業務を継続していることが判明した。A社の代理人であるノボル弁護士は、どうすべきか。

•••

ノボル：先輩！ 先日、和解で債務名義を取得したB社ですが、今月、和解で合意した分割金の入金がなかったので、A社の担当者と一緒にB社の本社事務所に行ってみたところ、見たこともない年配の男性が出てきて「自分はZ社の代表者だ。今この工場はZ社がB社からすべてを譲り受けて操業している。B社時代の話など知らないから、帰ってくれ」と追い返されました。でも、看板が「B社」から「Z社」に変わっているだけで同じ場所や建物ですし、工場の機械設備もそのまま使っていて、作っている製品もまったく一緒です。おまけに働いている従業員も顔見知りばかりで、A社の担当者に「よう、久しぶり」なんて挨拶していましたよ。どうしたらいいでしょう？

姉　弁：あやしい話ね。その代表者を名乗る男性は、本当にB社と無関係で、きちんと代金を支払ってA社の事業を譲り受けたのかしら。

ノボル：いいえ。A社の担当者が、その後、A社社内でB社に詳しい別の担当者に確認したところ、Z社の代表者を名乗る年配の男性は、B社の代表者の親戚でした。その親戚も1～2年前に事業に失敗しているようで、Z社がB社に正当な対価を支払うということはまず考えられないということでした。

姉　弁：B 社の代表者は何と言っているの？

ノボル：B 社の代表者は行方不明です。

姉　弁：それは悪質ね。考えられる方法としては、Z 社に対して B 社の資産を有償譲渡したのであれば A 社として譲渡代金について債権者代位権を行使する、無償またはタダ同然で譲渡したのであれば詐害行為取消権を行使することが考えられるわね。

ノボル：でも、資料が B 社の決算書くらいなので、債権者代位権や詐害行為取消権を主張立証するのは不可能だと思います。ほかに何か方法はないでしょうか？

姉　弁：B 社の決算書があって、A 社が債務名義をとっているのなら、債権者破産の申立てをするという方法も考えられるわね。これだけ悪質なケースなら、裁判所が選任した破産管財人に、B 社・Z 社間の譲渡契約を調べてもらったり、否認権の行使で資産・財産を取り戻してもらったりして、配当の形で回収するほうが得策ね。

ノボル：債権者破産の申立てですか･･･。僕、まだ自己破産の申立て、しかも個人の多重債務者の申立てしかやったことがないんですが･･･。

姉　弁：債務名義があって、その弁済が滞っているのであれば、破産手続開始決定になる可能性はあるわよ。ただ、支払不能は、弁済期にある債務を一般的に弁済できないという状態をいうの。だから A 社だけじゃなくて、ほかにも同じように B 社に泣かされている債権者が何社かあるんだったら、協力してもらったほうがより開始決定になる確率が高くなるわね。

ノボル：そうか･･･！　ちょっと検討してみます。

姉　弁：それと、自己破産の申立てと違って、債権者破産申立ての場合は、最初にそれなりの予納金を納付することを求められるし、通常、必ず審尋が行われるから時間もかかることを、A 社にあらかじめ説明しておいたほうがいいわよ。

ノボル：わかりました！

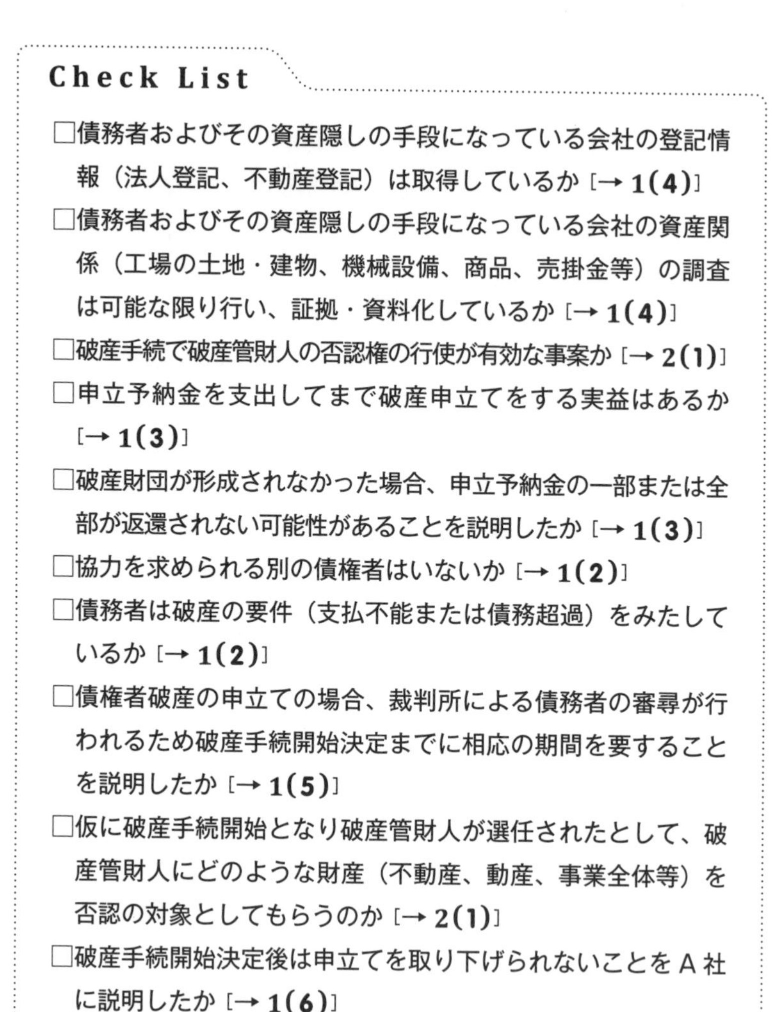
Check List

□債務者およびその資産隠しの手段になっている会社の登記情報（法人登記、不動産登記）は取得しているか〔→ 1(4)〕
□債務者およびその資産隠しの手段になっている会社の資産関係（工場の土地・建物、機械設備、商品、売掛金等）の調査は可能な限り行い、証拠・資料化しているか〔→ 1(4)〕
□破産手続で破産管財人の否認権の行使が有効な事案か〔→ 2(1)〕
□申立予納金を支出してまで破産申立てをする実益はあるか〔→ 1(3)〕
□破産財団が形成されなかった場合、申立予納金の一部または全部が返還されない可能性があることを説明したか〔→ 1(3)〕
□協力を求められる別の債権者はいないか〔→ 1(2)〕
□債務者は破産の要件（支払不能または債務超過）をみたしているか〔→ 1(2)〕
□債権者破産の申立ての場合、裁判所による債務者の審尋が行われるため破産手続開始決定までに相応の期間を要することを説明したか〔→ 1(5)〕
□仮に破産手続開始となり破産管財人が選任されたとして、破産管財人にどのような財産（不動産、動産、事業全体等）を否認の対象としてもらうのか〔→ 2(1)〕
□破産手続開始決定後は申立てを取り下げられないことをＡ社に説明したか〔→ 1(6)〕

［解説］

1　債権者破産の申立て

(1)意義　債務者が悪質な資産隠しや不当な事業譲渡をしている場合、債権者としては詐害行為取消権によって対抗することが考えられる。

詐害行為取消権は、その行使によって優先的に弁済を受けられることがある一方で、立証活動が難しく、実際に行使するにはハードルは相当高い。事業譲渡等の効力を否定することにより相当の金員を得られる見込みがあるのであれば、否認権を含む財産管理権という強力な武器をもつ破産管財人にそれをやってもらうことも一考である。そこで債権者による破産の申立てが考えられるのである。

(2)申立債権と破産原因　債権者は、①自己の債権（申立債権）の存在および②破産原因となる事実（支払不能または債務超過）を疎明して（破18②）、債務者について破産手続開始の申立てをすることができる（同①）。この手続は自己破産との対比から債権者破産という。債権者に破産手続申立権が認められているのは、配当による権利実現を図るためであるから、財団債権者は申立てができないと解されている。

債権者破産の申立てでは、そもそも申立債権の疎明が不十分であるとして申立てが却下されることがある。疎明で足りるとはいえ、債権者は債務名義を取得し、これを疎明資料として提出することが望ましい。

なお、債権者破産の申立ては必ずしも債権者1名で行う必要はなく、複数の債権者による申立ても可能であり、むしろ申立債権は存在する確度が高い多額の債権があったほうがよいと思われることから、周囲に同様の利益状況の債権者がいれば協力を求めて共同で申立てを行うことが有効な場合もある。

(3)申立予納金　債権者は、破産手続開始の申立てをする場合、申立書に一定額の印紙を貼り、裁判所の定める金額を予納する必要がある（破22①）。予納金は、自己破産よりも高額となるのが通常であり、裁判所がウェブサイトなどに公表している予納金基準表を基礎として、債務者の負債総額、管財業務の内容等を勘案して決定される。

予納金は、破産手続開始決定後に破産管財人によって破産財団が形成されれば財団債権として優先的に弁済（返還）されるが、破産財団が形成されなければ全部または一部が弁済（返還）されないことになる。よって、弁護士としては、予納金が返還されない可能性があることをあらかじめ依頼者に説明しておく必要がある。

(4)破産原因の疎明と証明　債権者の破産申立てが適法であり、かつ、予納金が納付されると、裁判所は、債権者と債務者の双方から提出された資料等を前提に、①申立債権の有無および②破産手続開始原因の有無について判断し、破産手続開始決定をするかどうかを決める。

留意すべきは、破産手続開始申立ての適法性としては破産手続開始原因を疎明すれば足りるが、破産手続開始決定がされるためには、破産手続開始原因が証明されなければならないことである。したがって申立債権者は、申立段階から、債務者に破産手続開始原因があることを証明する資料を準備しておくべきである。準備する資料としては、直近の税務申告書、決算書、複数の不渡手形、銀行取引停止処分に関する資料等が考えられる。

(5)債務者の審尋と破産手続開始決定　債権者破産の申立ての場合、通常、債務者の審尋が行われる。これは、債権者の一方的な申立てによって債務者に破産という不利益を負わせる可能性があるため、債務者にも言い分を述べる機会を設けるためである。

債務者の審尋は必ずしも1回とは限らず、数回にわたって行われることがある。また、審尋終了から破産手続開始決定まで審理に時間を要することもある。

したがって、自己破産の申立てと異なり、債権者破産の申立ての場合、申立てから開始決定までに月単位の期間を要することが多い。また、開始決定の見込みがない場合には、申立てが棄却されるか、申立てを自主的に取り下げることになる。

(6)申立ての取下げについて　東京地裁倒産部の運用では、後に否認の問題が生じかねないため、破産の審理を和解の場として用いることはしていない。債権者は、主に和解的解決を目的として、債権者破産の申立てを行うことは控えるべきであるが、手続の中で債権者と債務者との間で和解が生じることもしばしばあるようである。

なお、破産手続開始決定後は申立てを取り下げることはできない。

2　否認権行使

(1)破産法上の否認　破産法には、破産手続開始前になされた破産者の総債権者を害する行為（詐害行為）や債権者平等を害する特定の債権者に対する弁済等の行為（偏頗行為）などについて、破産手続開始後、破産手続との関係で取り消し、破産財団を原状に回復するための、否認の制度が用意されている（破160以下）。否認権は、破産管財人だけが行使することができ（破173）、破産債権者には行使が認められていない。

破産法では、次のような類型の否認を定めている。民事再生法においても、否認の制度を定めているが（民再127以下）、破産法上の否認と類似するため、以下では破産法上の否認について説明する。

▼図表3　否認の類型

類型	内容
詐害行為否認	①廉価売却等の財産減少行為の否認（160①） ③詐害的債務消滅行為の否認（160②） ④無償行為の否認（160③） ⑤相当対価による財産処分行為の否認（161）
偏頗行為否認	①危機時期以降の行為の否認（162①(1)） ②非義務行為の否認（162①(2)）
その他の否認	①対抗要件否認（164） ②執行行為の否認（165） ③転得者に対する否認（170）

なお、取引安全の見地から、無償行為、これと同視すべき有償行為（破160③）を除き、破産手続開始の申立ての日から1年以上前にした行為は、支払いの停止があった後にされたものであることまたは支払いの停止の事実を知っていたことを理由として否認することはできない（破166）。

(2)詐害行為否認　❶廉価売却等の財産減少行為（担保の供与または債務の消滅に関する行為を除く）の否認（破160①）：　①破産者が、破産債権者を害することを知ってした行為で、②これにより利益を受けた者（受益者）が、その行為当時、破産債権者を害する事実を知っていたときには、否認することができる（破160①(1)）。債権者を害する行為とは、債務者が自分の所有するものを適正な価格よりも安く売却する、他人の所有するものを適正な価格よりも高く買い受ける等、対価的に不均衡な法律行為をいう。

また、①破産者が、支払いの停止または破産手続開始の申立てがあった後（これを「支払停止等」という）に破産債権者を害する行為をして、②受益者が行為の当時支払停止等があったことおよび破産債権者を害する事実を知っていたときには、否認することができる（破160①(2)）。1号と異なり、詐害意思は不要である。

❷詐害的債務消滅行為の否認（破160②）：　①破産者が、債務の消滅に関する行為をして、②債権者の受けた給付の価額が当該行為により消滅した債務の額より過大であり、③受益者が行為当時破産債権者を害することを知っていたときは、その消滅した債務の額に相当する部分に限り、否認することができる（破160②）。典型例は、代物弁済である。

❸無償行為の否認（破160③）：　破産者が、支払停止等があった後またはその前6か月以内にした無償行為およびこれと同視すべき有償行為は、否認することができる（破160③）。「無償行為」とは、贈与、債務免除、権利放棄、対価を伴わない担保設定など、経済的対価なく積極財産を減少させ、または、消極財産を増加させる行為をいう。

無償行為は、対価を伴わず債務者財産を減少させる程度が高いので、危機時期ないし危機間近になされた無償行為を債務者や否認の相手方の主観的要件なしで否認することにしたものである（最判昭和62・7・3民集41巻5号1068頁）。

❹相当対価による財産処分行為の否認（破161）：　①破産者が、そ

の有する財産を処分する行為をしてその行為の相手方から相当の対価を取得したこと、②当該行為が、不動産の金銭への換価その他の当該処分による財産の種類の変更により、破産者において隠匿、無償の供与その他の破産債権者を害する処分（以下「隠匿等の処分」という）をするおそれを現に生じさせるものであること（破161①(1)）、③破産者が、行為当時、対価として取得した金銭その他の財産について、隠匿等の処分をする意思を有していたこと（同(2)）、④相手方が、行為当時、破産者が隠匿等の処分をする意思を有していたことを知っていたこと（同(3)）が認められれば、否認することができる（破161①）。

受益者が、破産者（法人）の役員等であるとき（破161②(1)）、破産者（株式会社）の支配株主等であるとき（同(2)）、破産者（自然人）の親族等であるとき（同(3)）等、破産者の内部者であるような場合には、受益者は、その行為当時、破産者が隠匿等の処分をする意思を有していたことを知っていたものと推定される（同②）。

(3)偏頗行為否認　❶危機時期以降の行為の否認（破162①(1)）：①破産者が、支払不能または破産手続開始申立後に、②既存の債務について担保の供与または債務の消滅に関する行為をし、③受益者たる債権者が支払不能もしくは支払停止または破産手続開始の申立てがあったことを知っていたときには、否認することができる（破162①(1)）。ここで否認されるのは、「既存の債務」についての担保提供または債務消滅行為であり、給付と反対給付が同時交換的になされる行為（同時交換的行為。たとえば担保を取得しての緊急融資）は否認の対象とはならない。このような取引を禁止すれば、倒産の危機に瀕した債務者は救済融資を受けることができなくなってしまうからである。同時交換的行為は、完全に同時になされる必要はなく、双方の給付が時間的に接着し、破産者の給付が社会通念上既存の債務につきなされなかったといえるか否かによって判断される。

受益者が破産者の内部者である場合および当該行為が破産者の義務に属せずまたはその方法もしくは時期が破産者の義務に属しないもの

である場合には、悪意が推定される（破162②）。

❷非義務行為の否認（破162①(2)）：　①破産者が、支払不能となる30日以内に、②既存の債務について担保の供与または債務の消滅に関する行為をし、③それが破産者の義務に属せず、またはその時期が破産者の義務に属しないものであり、④受益者たる債権者が行為当時、他の債権者を害することを知っていたときには、否認することができる（破162①(2)）。

3　事業譲渡の否認

会社の事業譲渡も否認の対象となりうる。破産者が、破産債権者を害することを知ってした行為であれば、破産法160条1項1号に基づき否認される可能性があるし、無償行為やそれと同視できる有償行為であるといえれば、同条3項に基づき、否認される可能性がある。いずれの場合でも、事業譲渡の対価が妥当であったかが問題となる。

また、破産者が事業譲渡に際して相当の対価を得ている場合でも、財産の隠匿等のおそれを現に生じさせるものであるときには、破産法161条によって、否認される可能性もあろう。

4　詐害行為取消権

債権者破産の申立ては予納金が高額になる傾向があり、債権回収という目的からすれば、やはりハードルが高い。そこで、立証の観点からは難しい面はあるものの、債権者破産の申立てに代わるものとして、詐害行為取消訴訟の提起も検討に値すると思われる。

なお、詐害行為取消権の詳細については、本章**2-4**を参照されたい。

【 *Answer* 】

B社が包括的に事業をZ社に移していて個別の対応では困難がある場合には、A社としては債権者破産を申し立て、無償ないし安価での事業譲渡として破産管財人に否認権行使を促すことも検討すべきである。

4…取引先を反社会的勢力が占有!? どうする?

Case

支払いが遅滞している取引先の担当者が、事情を聞くために取引先の事務所を訪問したところ、あやしげな風体の男数人が役員室におり、机の上に足を組んで座っていた。話しかけると、乱暴な口調で「役員が変わった。話すことはない。さっさと帰れ」と怒鳴られた。あとで従業員から話を聞くと、筋の悪いところからお金を借りて取立てにあっている、とのことだった。

このような取引先から債権回収をするため、弁護士はどのような対応をすべきか。

●●●

ノボル：先輩。この間、同期の弁護士と話をする機会があったんですが、大変な事件にあたったと嘆いていました。

姉　弁：どんな事件だったの？

ノボル：なんでも、顧問会社が暴力団の関係する会社から金を借りてしまい、そのあと会社を乗っとられてしまったようです。

姉　弁：暴対法や暴力団排除条例の影響で少なくなってきたけど、今でも債権回収の場に暴力団など反社会的勢力が関与することはあるわね。

ノボル：暴力団が出てきたらどんな対応をしたらいいんでしょう？ 正直言って僕、怖いんですけど…。

姉　弁：暴力団が債権回収の現場に出てきた場合、いくつか注意すべき点はあるけど、基本的には通常の債権回収と同じような対応をすることよ。

ノボル：その注意すべき点というのを教えてください。実際にそういう場面になった時、しっかり対応したいと思いますから。

姉　弁：それじゃあ、ちょっと議論しましょうか。

ノボル：はい！　よろしくお願いします！

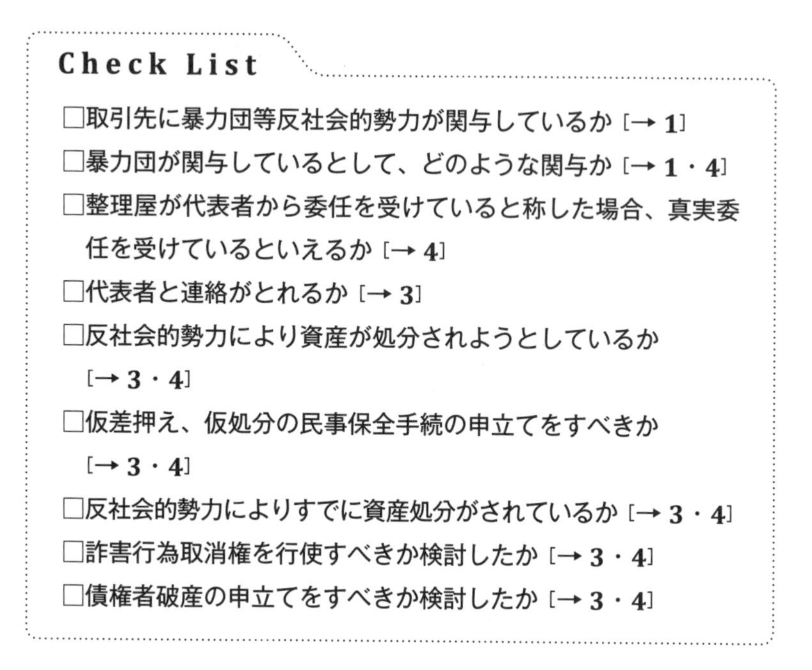

Check List

□取引先に暴力団等反社会的勢力が関与しているか〔→ **1**〕
□暴力団が関与しているとして、どのような関与か〔→ **1**・**4**〕
□整理屋が代表者から委任を受けていると称した場合、真実委任を受けているといえるか〔→ **4**〕
□代表者と連絡がとれるか〔→ **3**〕
□反社会的勢力により資産が処分されようとしているか〔→ **3**・**4**〕
□仮差押え、仮処分の民事保全手続の申立てをすべきか〔→ **3**・**4**〕
□反社会的勢力によりすでに資産処分がされているか〔→ **3**・**4**〕
□詐害行為取消権を行使すべきか検討したか〔→ **3**・**4**〕
□債権者破産の申立てをすべきか検討したか〔→ **3**・**4**〕

［解説］

1　債権者に暴力団等反社会的勢力が関与している場合

事業資金に窮した企業が、金融機関等の正規の金融会社から資金を借りることができなくなった結果、ヤミ金等の金融会社から高利の資金を借りることはままある。そして、そのようなヤミ金に、暴力団等反社会的勢力が関与して、不当な取立てを行う場合がある。また、個人や小規模会社からの借入金や買掛金を反社会的勢力が関与する会社が債権譲渡を受けたと称して、関与してくることもある。さらに、反社会的勢力が倒産状態にある企業の混乱に乗じて倒産処理を行い、不正な利益を得ようとする「整理屋」として介入する場合がある。

このように債権回収現場に暴力団等反社会的勢力（以下「反社」という）が関与してくる場合には、どのように対応したらよいか。詳細は後述するとおりであるが、基本的には通常の債権回収と同様の対応を粛々と行うことが肝要である。対反社に特有の対応を挙げるとすれば、反社が関与しにくいようになるべくオープンの場を設定する、すなわち反社が関与して混乱することが予想される場合には早めに裁判手続に移行させることである。

2 暴力団等反社への対応の基本

暴力団等の反社は、時に社会一般の感覚とはかけ離れた特有の価値観で行動するため、依頼者に対してだけでなく、依頼者の代理人である弁護士に対しても、乱暴な口調で話をしたり、脅迫じみた言動を行ったり、暴力の行使をほのめかしたりすることもありうる。このことから、反社への対応に対し、消極的になる弁護士も一定程度存在する。

暴力団等の反社は、暴力を背景にして不当な利益を得ようとするので、一般的な紛争の相手方と比較して、一定の配慮が必要なことはたしかである。しかしながら、暴力団等反社が関与してきたとしても、対応の方法を変える必要はない。個々の注意点については後述するが、一般的な観点から述べるとすると、暴力団等反社が関与してきたとしても、恐れる必要はなく、弁護士として行うべきことを淡々と行うことが求められる。乱暴な口調や脅迫じみた言動を前に、萎縮してしまい、相手方が一般人であれば行動すべきことを行わず、また、一般人であれば譲歩しないことを譲歩したりするのは、暴力団等反社の思うつぼであることを肝に銘じてほしい。暴力団等の反社は、一般的に考えられているよりも経済的合理性に基づく行動を行うことも多く、脅迫や暴力の現実の行使は刑事事件になるリスクを発生させることから、後先考えずに脅迫したり暴力を振るうことは避ける傾向にある。反社は、得られる利益に応じたリスク管理を行っていることから、これに対応する弁護士は、むやみに恐れる必要はない。ただし、対応する弁護士が、暴力団等の反社を侮った言動を行うと、「メンツ（面子）をつぶされた」と考え、実際の暴力行使まで行わないとは限らないことに注意すべきである。

要するに、「侮らず、されど恐れず」の対応が反社等への対応の基本である。

3　取引先が暴力団等反社の取立てを受けたことが判明した場合の対応

まずは事実関係を確認する必要がある。暴力団等が債権回収の現場に出てきた場合は、社長等の代表者と連絡がとれなくなることがままあるので、他の役員や担当者等から事情を聴取することになる。暴力団が関与して、不動産や在庫品を処分しようとしていた場合は、仮差押えや仮処分など迅速な手続で資産の処分を阻止できるかを検討すべきである。すでに債務者の資産が処分されてしまっているような場合は、債権者取消権や破産申立て等の法的手続により事後的にこれを取り戻すことを検討するべきである。

また、依頼者の会社が取引先に債務を有していた場合は、相殺適状にあることを確認のうえ、相殺の通知を行い、実質的な債権回収を図るべきである。このとき気をつけるべきことは、代表者等と連絡がとれなくなっているので、相殺の意思表示の通知が到達しないおそれがあることである。通知書が到達しないことが予想される場合は、内容証明郵便と普通郵便（特定記録郵便）を併用して行うことも検討しておきたい（第２章**6**-**3**参照）。

4　整理屋への対応

暴力団関係者が倒産状態にある企業の代表者から委任を受けたと称して、債権回収の現場に出てくる場合、このような者を「整理屋」という。整理屋は多数の債権者の犠牲のもと、自己の利益を不正に得ようとするので、これへの対応を検討する必要がある。

まずは、かれらが代表者から委任を真実に受けているのかどうかについて確認する必要がある。もっとも前述したとおり、このような場合は代表者と連絡がとれなくなっていることが通常であるので、この点は実務上はなかなか困難であることも留意しておこう。

次に、整理屋が自己が代表者に就任した旨の登記をするなど、形式面を整えている場合、形式上当該整理屋を窓口にせざるをえない場合も出てくる。このような場合であっても、整理屋のペースで話が進むことを防止し、法的手続をとることも検討すべきである。さらに、整理屋が当該企業の資産を処分しようとしているような情報がある場合は、仮差押え、仮処分等の保全手続を行うことも検討しなければならない。さらに、処分される資産の金額が大きいなどの事情がある場合は、債権者破産の申立ても検討の余地がある。

【 *Answer* 】

暴力団等反社会的勢力が債権回収の現場に出てきた場合も、原則は通常の債権回収の場合と同様の対応を行う。乱暴な口調や脅迫じみた言動に反応せず、法的手続を前倒しにするなど、「侮らず、されど恐れず」の精神で淡々と進める。

第5章

こうしておけばよかった

1…最初にきちんと縛っておけばよかった

Case

債権者A社は債務者B社に対して4800万円の売買代金債権を有していたが、取引基本契約を締結していなかった。B社が売買代金の支払いをしなかったため、ノボル弁護士は、A社の代理人として、B社所有の不動産や動産に対する仮差押えを申し立てたが、被保全権利の存在の疎明ができず、仮差押命令の発令を得ることができなかった。その後、ノボル弁護士はB社に対する訴訟を提起して、勝訴判決を得てB社の財産に強制執行を行って無事に全額回収することができた。今回の一連の手続を踏まえて、A社の債権回収の観点で日頃からどのようなことを行っておくべきといえるか。

•••

（案件終了後の打ち上げの宴席で）

ノボル：先輩。A社の件、無事に債権回収ができて本当によかったです。仮差押えはうまくいきませんでしたけど、結局は、じっくり訴訟手続を進めて勝訴判決を得て強制執行できたので、大成功でしたね！

姉　弁：でもA社がもうちょっとやるべきことをやっておけば、もう少し早く確実に債権回収ができたわよね。何か思い当たることはある？

ノボル：えっ？ 何かありましたっけ。A社の担当者の方はきちんと事実経緯を教えてくれたので立派な陳述書も作成できましたし、証人尋問のときもしっかり証言してくれましたので、完璧だったと思います！ 特にそのほかにA社がやるべきだったことってないですよね？

姉　弁：もう忘れちゃったの？ A社がB社との間で取引基本契約を結んでなかったから、保全手続ができなかったじゃないの！

ノボル：あー、そうでした･･･。被保全権利の疎明ができなくて仮差押えができなかったですね。そんなこともありましたね･･･。でも、結局勝訴判決をとって強制執行するのが僕は好きなんですけど、先輩もそう思いませんか？

兄　弁：おいおい、君の好き嫌いを基準に債権回収しているわけじゃないだろ。ところで、取引基本契約がなくてほかにも困ったことがあったか、覚えてるよな？

ノボル：いやー、酔っぱらっちゃったせいか、特に覚えてないですねー！

兄　弁：酔っぱらったせいじゃなくて、本当に覚えてなさそうだな･･･。取引基本契約がなかったせいで、期限の利益を喪失させられなくて動産売買先取特権の物上代位の行使ができなかったとか、いろいろあったじゃないか。

姉　弁：そうよ。個別契約で定めた弁済期が数か月後だったから、被保全権利の弁済期未到来ということで転売債権の差押命令がとれなかったじゃない！

ノボル：おっと、そういうことも何となく思い出してきました！ 今日はちょっと飲みすぎちゃいましたけど、酔いが醒めたら取引基本契約で定めておくべきこととか、しっかり調べときまーす！

Check List

（取引基本契約書の有無）

□取引基本契約書は締結されているか〔→ **1**〕

（取引基本契約書の条項）

□取引基本契約で相手方の債務の内容が特定されているか〔→ **1**〕

□債務の弁済期は到来しているか〔→ **2(1)**〕

□期限の利益喪失条項があるか〔→ **2(2)**〕

□期限の利益喪失条項は、当然に失期する事由（当然失期事由）か、請求により失期する事由（請求失期事由）か〔→ **2(2)**〕

□請求失期事由の場合に、請求はしているか〔→ **2(2)**〕
□納品した製品／商品について所有権留保特約があるか〔→ **3(1)**〕
□所有権留保特約において、取引先から占有改定による引渡しを受けた旨の条項が定められているか〔→ **3(2)**〕
□取引基本契約書に基づく相手方の債務について、代表者などの連帯保証がされているか〔→ **4**〕
□連帯保証条項において、保証限度額および保証期間の定めがあるか〔→ **4(1)**〕
□保証金を差し入れる定めがあるか〔→ **5(1)**〕

［解説］

1　取引基本契約書の締結

相手方と継続的に行われる取引に共通して適用される契約条件を定めたものが取引基本契約書である。取引のつど詳細な契約書を作成することは煩雑であるため、共通する事項については取引基本契約で取り決め、個別の取引では個別契約書あるいは注文書と注文請書によりそのつど異なる事項のみ取り決めることが実務上行われている。取引基本契約で定められる主な条項は、以下のとおりである。

①目的
②個別契約
③売買価格および支払方法・支払時期
④引渡方法
⑤検収
⑥契約不適合責任
⑦所有権の移転（所有権留保特約）
⑧危険負担

⑨期限の利益喪失
⑩契約解除
⑪秘密保持
⑫有効期間
⑬連帯保証
⑭合意管轄

取引基本契約を締結せずに口頭で受発注している場合や、書面がある場合でも当事者の一方のみの書面で取引を行っている場合、仮差押えや仮処分などの保全手続の申立てをする際に、被保全権利の存在を疎明することができずに保全命令を取得できなくなるといった不利益が生じ、債権回収に重大な支障が生じうる。また、債権の存在だけではなく自己の債権や相手方の債務の内容を明確にし、これを特定するためにも書面は重要である。継続的な売買契約等においては取引基本契約書を必ず締結すべきである。

そして、債権回収という観点で取引基本契約において定めておくべき重要な条項としては、弁済期の定め、期限の利益喪失条項（**2**）、所有権留保条項（**3**）、連帯保証条項（**4**）および保証金条項（**5**）などが挙げられる。

2 期限の利益喪失条項

(1)概要　期限の利益とは、期限の到来まで債務の履行をしないでよいという利益のことをいう。金銭債務について分割弁済の定めがある場合や、一括弁済の場合でも弁済期が先の場合などが挙げられる。

期限の利益の喪失とは、この利益が失われて、債権者が債務者に対して債務の履行を請求できることを意味する。そして、期限の利益喪失条項とは、一定の事由が生じた場合に債務者の期限の利益を喪失させることができる旨を定めた条項をいう。

(2)期限の利益喪失事由　具体的な期限の利益喪失事由としては、以下のものが挙げられる。

①個別契約に基づく代金支払いを怠ったとき
②債務者が振り出した手形や小切手が不渡りとなったとき、または電子記録債権が支払不能処分を受けたとき
③支払停止もしくは支払不能になったとき、または銀行取引停止処分を受けたとき
④第三者から差押え、仮差押えまたは仮処分命令の申立てを受けたとき
⑤破産手続開始、民事再生手続開始、会社更生手続開始、特別清算開始の申立てをし、またはこれらの申立てを受けたとき
⑥（法人の場合）解散をしたとき
⑦その他本契約に違反したとき

期限の利益の喪失事由の定め方として、一定の事由が生じた場合に①当然に期限の利益を喪失する定め方（当然失期事由）と、②債権者の請求によって期限の利益を喪失する定め方（請求失期事由）がある。

当然失期は、一定の事由があれば直ちに失期する点でメリットがあるが、失期の時点から消滅時効が進行し時効管理に留意が必要となるデメリットもある。請求失期は、請求をする必要があるため失期までに一定の時間を要するデメリットがあるが、失期の時点が明確となり時効管理が比較的容易となるメリットもある。

(3)期限の利益喪失条項の実益　❶弁済期の到来：　まず、分割弁済の定めがある場合に、直ちに全額請求ができ、訴訟を提起する場合などにおいて全額の支払いを求めることができる点が、期限の利益喪失条項のメリットとして挙げられる。

❷相殺適状の創出：　次に、自働債権の弁済期を到来させることにより相殺適状を創出できる点が挙げられる。

たとえば、債務者が民事再生手続を申し立てた場合、期限の利益喪失条項があれば自働債権の弁済期が到来したものとして、直ちに相殺

することが可能となる。この点、再建型法的整理手続である民事再生手続および会社更生手続の場合には、債権届出期間内（一般的には手続開始日から１か月程度の期間内）に限り相殺をすることができるため、個別契約で定めた弁済期が債権届出期間経過後に到来する場合には、取引基本契約で期限の利益喪失条項を定めておかないと相殺ができなくなることに留意が必要である。

❸動産売買先取特権の物上代位の行使：　動産売買先取特権の物上代位の行使としての債権差押えをする場合、被担保債権の弁済期が到来している必要がある。そのため、個別契約に定めた弁済期が未到来の場合であっても期限の利益喪失条項があれば行使が可能となるという実益もある。

3　所有権留保

(1)概要　所有権留保とは、売買代金を担保するため、代金が完済されるまで売買目的物の所有権を売主に留保することをいう。具体的には、以下のような条項が所有権留保特約として規定される。

> 第◯条（所有権留保）
> 　商品の所有権は、乙（買主）が甲（売主）に対して売買代金の全額を支払うまでの間、甲（売主）に留保されるものとする。

こうした所有権留保特約がない場合、売買契約に基づいて商品を買主に引き渡した場合、原則としてその時点で商品の所有権が買主に移転する。したがって、代金が全額弁済される前に所有権が買主に移転することを防止するために、所有権留保特約を取引基本契約に明記しておくことが重要となる。

(2)対抗要件に関する留意点（占有改定による引渡し等）　取引先が破産手続や民事再生手続などの法的整理手続に入った場合には、実務上、所有権留保は担保権（別除権）として扱われている。そして、所有権留保という担保権を法的整理手続において行使するために対抗要件が必要と解され、動産の場合は原則として占有改定による引渡しが必要となり、登録制度のある自動車などの場合は登録が必要となる。
占有改定による引渡しによる場合、所有権留保特約において以下のような条項を定めることにも留意が必要である。

第○条（占有改定）
乙（買主）は、第○条に定める引渡し後直ちに、商品を占有改定の方法により甲（売主）に引き渡す。

4　連帯保証条項

(1)概要　取引基本契約において、取引先の債務について代表者またはその他の第三者が連帯保証する旨の条項を定めることも有益である。連帯保証条項としては、以下の規定などが考えられる。

第○条（連帯保証）
丙（連帯保証人）は、甲（売主）に対し、本契約に基づく乙（買主）の一切の債務について、以下のとおり連帯保証し、乙（買主）と連帯して弁済する責めを負う。
・保証限度額　金○円
・保証期間　本契約締結日より5年を経過する日まで

この点、個人の根保証契約は極度額を定めなければ無効とされるため留意が必要である（民465の2）。また、主たる債務が取引債務である場合の個人の根保証契約について保証期間の制限はないが、一定期間に限定することでかえって連帯保証人の履行可能性を高めるものといえるため、保証期間の定めを設けるのが望ましいといえる。

(2)留意点　なお、取引先が倒産状態に陥った場合には、代表者自身も破産状態にあることが多いため、代表者を連帯保証人にとったとしても、債権回収の実効性には限界がある点にも留意が必要である。

5　保証金条項

(1)概要　保証金とは、取引先から担保として預かる一定額の金員のことであり、取引先が代金を支払えなくなった場合に、取引先に対する債権に充当（相殺）して債権回収を図るためのものである。

保証金をとるのは必ずしも一般的ではなく、取引関係において売主が買主よりも優位な立場にある場合や、売買代金の額が多額になり弁済期がかなり先になる場合などに限られる。

具体的な条項は以下のとおりである。

第○条（保証金）

1. 乙（買主）は甲（売主）に対し、本契約の保証金として金○円を差し入れる。
2. 前項の保証金に利息はつけないものとする。
3. 乙（買主）が第○条の定めにより期限の利益を喪失したときは、甲（売主）は何らの通知催告をせずに第１項に定める保証金を乙（買主）に対する一切の債務の弁済に充当できるものとする。

(2)留意点　保証金は、その金額の範囲内で確実に回収ができる方法であるため、取引基本契約を締結する際になるべく多額の保証金を差し入れさせることが望ましい。また、保証金を差し入れさせて取引を開始した後は、売掛債権の額が保証金の額を超えないように債権管理をすることが重要となる。

【 *Answer* 】

債権回収を円滑に行うために、相手方と継続的に行われる取引に共通して適用される契約条件を定めた取引基本契約を締結すべきである。また、取引基本契約書においては、支払条件（弁済期の定め）、期限の利益喪失条項、所有権留保条項、連帯保証条項および保証金条項などを設けて、依頼者に有利な条項をなるべく多く規定することが重要となる。

2…普段から情報収集しておけばよかった

Case

債権者A社は債務者B社との間で取引基本契約を締結のうえ、取引をしていたところ、B社に対する売買代金4800万円について支払遅滞が生じていた。ノボル弁護士は、A社の代理人として、B社に対し売買代金4800万円の支払いを求めて、訴訟提起して勝訴判決を得たが、B社がどのような財産を有しているのかの情報を得ることができず、B社の財産に対する強制執行を速やかに行うことができなかった。今回の一連の手続を踏まえて、A社の債権回収の観点で日頃からどのようなことを行っておくべきといえるか。

•••

姉　弁：日頃からA社がやっておくべきだったことで何か思いつくものはある？

ノボル：取引基本契約書を締結しておけばよかったです。あとは、売買代金の入金があるか預金口座を毎日チェックして目を光らせることですかね？

姉　弁：そうじゃないわよ。支払いが遅延するおそれがないかとか、取引条件を変更する必要がないかとかを判断するために、日頃からB社の財務状況について情報収集しておくべきだったといえるわね。

ノボル：それもそうですね。でも、どうやって？

姉　弁：まずはB社の登記履歴事項証明書の入手とか、本社や工場の所在地の不動産を所有しているか調べるための不動産登記事項証明書の入手とかは、すぐにやっておくべきことといえるわね。

兄　弁：あと大事なのは決算書の入手だね。もちろん、取引の力関係上弱い立場にあれば入手できないこともあるけど、できる限り入手するよう交渉すべきといえるね。さらに欲をいえば、勘定科目内訳書も入手できればべストだな。もし、決算書などが入手できなければ、多少費用はかかっても信用調査会社による調査書を入手しておく方法もあるな。

ノボル：そういう方法もあるんですね。でも、決算書や調査書が入手できても、どんな視点で見ておけばいいんでしょうか？ そもそも、どんなことが書かれているのかよくわからないです…。

兄　弁：大まかにいうと、財産の状態が書かれているのが貸借対照表で、商売がうまくいっているかどうかが書かれているのが損益計算書だよ。

ノボル：何やらまた数字の話が出てきましたね…。それに飲みすぎたせいか、何だか頭痛がしてきました…。要するに決算書を手に入れてよく見ておくってことですね。はい、わかりました！

姉　弁：飲みすぎじゃなくて、数字の話が出てきたから頭が痛くなってきたんじゃないの？ もう、相変わらずね！ そのほかにも、納品した製品の保管場所に関する情報把握なども重要ね。動産売買先取特権の行使のために必要になってくるからね。さらに、転売先の情報などもあれば、動産売買先取特権の物上代位の行使も考えられるわよ。

ノボル：そうなんですね。せっかくなので、日頃から情報収集しておくべきことについて調べて勉強してみまーす！

Check List

□取引先の正式名称（商号）、本店所在地、支店の有無、資本金の額、役員の数や名前等を把握しているか〔→ **2**〕

□取引先の直近の決算書は入手しているか〔→ **4(1)**〕

□取引先の預金として計上されている金額はいくらか〔→ **4(2)**〕

□取引先の預金先に関する情報（金融機関名、支店名、口座の種類など）がわかるか〔→ **4(2)**〕

□取引先が有する売掛債権として計上されている金額はいくらか〔→ **4(3)**〕

□取引先の売掛先（第三債務者）に関する情報（名称、住所な

ど）がわかるか〔→ **4(3)**〕

□取引先の不動産（土地、建物）として計上されている金額はいくらか〔→ **4(4)**〕

□取引先の不動産に関する情報（所在地、評価額など）がわかるか〔→ **3(1)**、**4(4)**〕

□取引先の不動産についての不動産登記事項証明書は入手しているか〔→ **3(1)**〕

□信用調査会社による調査を行っているか〔→ **5**〕

□納入した商品の保管場所を把握しているか〔→ **4(5)**、**6**〕

□納入した商品が転売されている場合、転売先の社名、住所等の情報を把握しているか〔→ **4(5)**〕

［解説］

1　情報収集の方法

取引先からの支払いが遅滞した場合に円滑・迅速に実効性のある債権回収を行うためには、常日頃から取引先に関する情報収集を行っておくことが極めて重要である。なぜなら、情報がないとそもそも債権回収の方針すら立てることができないからである。情報収集の方法としては、大別して、取引先の協力がなくても可能な情報収集と、取引先の協力を得て行う情報収集が挙げられる。

取引先の協力がなくても可能な情報収集としては、取引先（会社）についての登記事項証明書の入手、所有不動産についての登記事項証明書の入手、および信用調査会社による調査報告書の入手などが挙げられる。登記事項証明書には取引先に関する基本的な情報が記載されており、取引開始前に入手することはもちろんのこと、その後も定期的に入手して情報収集をしておくべきといえる。

2　商業登記（登記事項証明書）等の入手

(1)概要　新規に取引をする場合、相手方の素状を知ることは当然に必要である。相手方は会社を名乗っているが本当に会社であるのか、会社の種類は何か、本店所在地に会社が存在しているか、資本金はいくらか、役員は誰かなど相手方の言うことを単に信用するのではなく、客観的資料、つまり登記事項証明書によって確認すべきである。これらを怠ったことが原因で取り込み詐欺にあった例が現実に多数あるのである。

会社を設立した場合、必要事項の登記をしなければならず、また、登記事項に変更があった場合には一定期間内に変更登記をしなければならない。これらの登記事項は登記所の商業・法人登記簿に記載または記録され、その登記簿の全部を謄写したものが登記簿謄本であり、一部を謄写したものが登記簿抄本と呼ばれるが、近時は登記簿の記載内容が電子化されており従来の登記簿謄本・抄本に代わり登記事項証明書が交付されている。

登記事項証明書の入手方法は、登記所で直接交付を受ける方法のほか、郵送での交付を請求する方法がある。また、登記情報をインターネットを通じてダウンロードして確認するサービス（登記情報提供サービス）を利用する方法も挙げられる。なお、登記情報提供サービスにより入手した情報をプリントアウトしたものは、法的証明力がない点に留意が必要である。

(2)確認事項等　会社の登記事項証明書においては、①商号、②本店、③会社の目的、④資本金の額、⑤役員に関する事項などが記載されている。

❶商号：　商号については、取引先の名称（屋号）が登記事項証明書において記載されている商号と同一かを確認する必要がある。もし同一でない場合には、取引先として認識していた相手が法的には会社（法人）ではなく代表者個人と解される可能性が生じるなど、債権管理・回収において重大な影響を及ぼすため留意が必要である。

❷本店：　本店については、取引先が自称する本店（本社）所在地と同一かを確認する必要がある。もし異なる場所が登記上の本店となっている場合には、合理的な理由があるかについて取引先への聴取などにより確認するべきといえる。

❸会社の目的：　会社の目的欄において、定款により定められた事業の目的が記載される。会社が目的の範囲外の行為（取引）を行った場合、その行為が無効となる可能性があることから、取引先との取引が目的欄に記載された事項に該当するかどうかに留意が必要である。

❹資本金の額：　資本金の額によって会社の規模や財務的基盤をある程度把握することができるため、確認すべきといえる。この点、旧商法とは異なり会社法では最低資本金制度が廃止されたため、資本金1円でも会社が設立できるようになっているが、このような会社は財務的基盤が脆弱であるといえる。

また、新たな新株発行により増資（資本金の増加）があった場合には変更登記がなされることから、増資の理由を取引先に聴取するなどの情報収集も重要となる。

❺役員に関する事項：　代表取締役、取締役、監査役等の役員に関する事項が記載されている。これにより役員構成に関する情報が把握できるとともに、代表取締役の住所も記載されていることから、その不動産登記事項を確認することにより、代表者が自宅不動産を所有しているかどうかの確認も可能となる。

3　不動産登記（登記事項証明書）の入手

(1)概要　不動産の権利者や権利内容については、不動産登記簿により公示されており、不動産にかかる登記事項証明書を入手して取引先が不動産を所有しているかどうか、所有しているとして、当該不動産に設定されている抵当権があるかどうか等について確認することができる。登記事項証明書は、登記所で直接交付を受ける方法のほか、郵送での交付を請求する方法がある。また、インターネットを通じて登記情報を閲覧するサービスを利用する方法も挙げられる。

不動産登記簿には土地と建物の2種類があり、表題部、甲区、乙区にそれぞれ分かれている。また、不動産によっては共同担保目録が記載されることもある。

(2)表題部　土地の表題部には、所在、地番、地目、地積が記載され、建物の表題部には、所在、家屋番号、種類、構造、床面積がそれぞれ記載される。表題部の情報を確認することで、対象不動産の基本的な情報を把握することができる。ここで、不動産の地番、家屋番号は住民票等で使用される住居表示番号と異なるため、ブルーマップ等による照合が必要である。

(3)甲区　甲区においては、所有権に関する事項が記載される。甲区の履歴を確認することで、所有者の変遷や現在の所有者の情報を把握することができる。債権回収の観点では、取引先が現在の所有者として記載されているかどうかを確認することが重要である。

そして、取引先の所有となっている場合には、不動産の価値を試算するために不動産業者を通じて査定書を入手して大体の資産価値を把握しておくことも重要である。

(4)乙区　乙区においては、所有権以外の権利に関する事項が記載されている。具体的には、抵当権や根抵当権が設定されている場合には、当該抵当権等の情報が記載されるためその情報を把握することができる。

たとえば、金融機関等の抵当権が設定されている場合、被担保債権額が記載されており最大で同額の債務が当該不動産により担保されているという情報を把握することができる。

(5)共同担保目録　共同担保目録は、担保権者が当該不動産と共同で担保に取得した不動産を記載したものである。この共同担保目録に記載された不動産についても同様に登記事項証明書を取得することにより、取引先が所有する新たな不動産に関する情報を把握することも可能となる。

4　決算書に関する調査

(1)概要　決算書とは、一定期間の経営成績や財務状態等を明らかにするために作成される書類であり財務諸表ともいう。また、会社法上は計算書類と呼ばれており、会社が作成すべき計算書類として、貸借対照表、損益計算書、株主資本等変動計算書および個別注記表が挙げられるが、このうち、債権回収の観点では貸借対照表が重要である。

貸借対照表は、一定時点における会社の財産状態を表す書類であり、バランスシート（Balance Sheet）（B/S）とも呼ばれる。貸借対照表をみれば、その会社の資産の内訳として、現金、預金、売掛金、商品、土地、建物、その他の資産などについて勘定科目ごとの帳簿価額を確認することができる。そして、債権回収の観点では、取引先からなるべく直近の貸借対照表を定期的に入手することにより、直近の時点における取引先の財産状態を把握することが可能となり、たとえば、担保として取得できそうな財産（土地や建物など）に関する情報や、仮差押えなどの保全手続を行う場合の対象財産に関する情報が得られることになる。

さらに、決算書（貸借対照表）の勘定科目内訳書を入手できれば、個々の資産の具体的な内容を把握することが可能となる。たとえば、預金の場合には、金融機関名、支店名、預金の種類、口座番号、預金残高などが、また、売掛金の場合には、売掛先の名称、住所、残高（債権額）に関する情報も知ることができる。

(2)預金　貸借対照表上の預金の勘定科目をみることで、取引先の決算期末日（3月決算であれば3月31日現在）の預金残高を知ることができる。残高が少ない場合には、毎期末の資金繰りに窮している可能性も考えられるため注意が必要となる。

また、さらに勘定科目内訳書も入手できた場合には、各預金口座の金融機関名等を知ることができるため、債権回収の際に当該預金の仮差押えや差押えの手続を速やかに行うことが可能となる。

(3)売掛金　貸借対照表上の売掛金の勘定科目をみることで、取引先の決算期末日の売掛金残高を知ることができる。さらに、勘定科目内訳書も入手できた場合には、取引先にとっての売掛先の情報（会社名、住所、売掛残高など）を知ることができるため、売掛債権についての仮差押えや差押えの手続を速やかに行うことが可能となる。また、勘定科目内訳書が入手できない場合でも、貸借対照表が入手できた場合には、日頃の取引先との関係の中で売掛先に関する情報（名称、売上に占める割合など）を聞き出すことにより、債権回収の際に当該売掛先への仮差押えや差押えの手続を速やかに行うことも可能となるため、平常時からの情報収集も重要である。

(4)不動産（土地、建物など）　貸借対照表上の土地や建物などの勘定科目をみることで、取引先が土地や建物などの不動産を所有していることがわかる。

なお、建物については、取得価額で計上されたうえで、会計上・税務上の一定の基準により減価償却がされた後の残高で帳簿残高が計上されているため、その建物の時価（処分価格）は帳簿残高と異なることが多い。そのため、貸借対照表において建物の帳簿価額が計上されていた場合、その情報をもとに取引先から具体的な所有建物に関する情報（本社、営業所、工場などの具体的な所有建物の情報）を聴取したうえで、不動産登記事項証明書の取得や不動産業者から査定書を入手すること等により、さらなる情報収集を行うことが重要である。

他方、土地については建物のような減価償却はされないが、取得価額で帳簿残高が計上されており時価と異なることが多い点は同様である。土地の評価に関しては、その他に固定資産税評価額、路線価、公示価格といったものがあり、これらも参照しながら時価を算定することになる。

(5)商品　貸借対照表上の商品の勘定科目をみることで、取引先の決算期末日の商品残高を知ることができる。さらに取引先から保管場所に関する情報を聴取することにより、在庫商品（動産）に対する仮差押えや差押えの手続を速やかに行うことも可能になるため、平常時からの情報収集が重要である。

もっとも、債権回収のための商品の換価は、通常の流通から外れると困難なことが多く、売り先が見つからない場合や、見つかっても買取業者により買い叩かれる場合も多い点に留意が必要である。

(6)その他　そのほかにも、敷金や保証金という勘定科目を見ることで、取引先が賃借物件の賃貸人に差し入れている敷金・保証金の額を把握することができ、敷金・保証金返還請求権に対する差押えなどを円滑に行うことが可能になるため、資産の部における各勘定科目についてはその内容および金額を十分に検討することが重要である。

もっとも、敷金・保証金の返還請求権は建物の明渡しによって発生し、未払賃料や原状回復費と相殺されることから、必ずしも債権回収の引き当てにならない場合が多い点に留意が必要である。

5　信用調査会社による調査

取引先からの協力が得られず決算書の入手ができない場合には、信用調査会社に調査を依頼して、その調査報告書を入手することによる情報収集が考えられる。

調査報告書においては、一般的に、会社の概要、登記された情報の内容、経営者に関する情報・評価、仕入・販売に関する情報、取引金融機関等の情報、財務・収益に関する情報、決算書（貸借対照表および損益計算書）に関する情報などが記載されている。

6　現地調査

取引先の本社、営業所、倉庫、工場などの現地調査を行うことも債権回収の観点では有益であり、取引先の協力が得られる場合には内部に立ち入ったうえで詳細な現地調査を行うことは極めて重要である。

たとえば、本社の現地調査において、受付や社員の対応が悪い、社員の活気がないといった事象が発見された場合には、労使問題を含め何らかの経営問題を抱えている可能性も考えられる。また、倉庫や工場に在庫商品・製品が大量に保管されているといった事象が発見された場合には、売上不振による不良在庫の発生といった経営問題を抱えている可能性も考えられる。このような場合には、取引先との取引額が過大にならないよう留意するとともに、速やかに債権回収ができるよう日頃から準備を進めておくことが重要となる。

【 *Answer* 】

債権回収を円滑に行うための日頃の情報収集として、取引先についての登記事項証明書の入手や、本社等の所在地の不動産登記事項証明書の入手などの基本情報を入手することが重要である。また、取引先からの同意を得て決算書や勘定科目内訳書を入手し、または信用調査会社による調査書の入手により、取引先の財務状況に関する情報を把握しておくことも重要となる。

さらに、取引先の本社、営業所、倉庫の現地調査等により、納品した商品の保管場所に関する情報把握や、納品した商品の転売先に関する情報把握をしておくと、動産売買先取特権や物上代位による権利行使が円滑に進められる可能性もあるため、日頃からの情報収集に留意すべきである。

3…担保をとっておけばよかった

Case

債権者Ａ社は債務者Ｂ社との間で取引基本契約を締結のうえ、取引をしていたところ、Ｂ社に対する売買代金4800万円について遅滞が生じていた。ノボル弁護士は、Ａ社の代理人として、Ｂ社に対する売買代金4800万円について、Ｂ社が第三債務者に対して有する売掛金債権への仮差押えをしたうえで訴訟提起をした。その直後Ｂ社について破産手続開始決定がなされたため、仮差押えは失効してしまい、破産手続による48万円の配当（配当率1%）の回収しかできなかった。今回の一連の手続を踏まえて、Ａ社の債権回収の観点で日頃からどのようなことを行っておくべきだったといえるか。

●●●

ノボル：ところで先輩、別件の債権仮差押えをして訴訟提起していた件のほうは、その後Ｂ社が破産してしまってほとんど回収できませんでしたね。Ｂ社にかなりの税金滞納があったってことで破産配当もすごく少なかったですし。あの件は残念だったなぁ。でも、破産申立てをするのは債務者の自由ですから、Ａ社や僕らとしてはどうしようもないですよね！ 運が悪かったって思うしかないですよね。

姉　弁：相変わらずすごく前向きね･･･。でもそうじゃないわ。Ａ社としては、売掛債権を被担保債権として根抵当権を設定しておくとか、在庫商品についての動産譲渡担保を設定しておくとか、いろいろやることがあったと思うわ。

ノボル：でも、金融機関と違って仕入先にすぎないＡ社の立場で、取引の開始時から何か担保をとるのは難しいと思うんです。それに、Ｂ社の信用不安が起きて担保をとったとしたら、あとでＢ社が破産して管財人が出てきて、破産法上の否認権とかで結局効力を否定されてしまうんですよね。それなら、担保をとっても全然意味がないように思うんですけど、先輩はどう思いますか？

兄　弁：Ｂ社が破産した場合でも、管財人が否認権を行使するかどうかは、破産法上の所定の要件を立証できるかどうかとか、否認権行使による破産手続の長期化とか、様々な要因をもとに判断をするから、必ずしも否認権を行使されるかどうかはわからないよ。それに、信用不安が起きてもまた業績が回復するかもしれないしね。だから、取引先との交渉で任意に取得できるのであれば、できる限り多くの担保を取得するべきだと思うよ。

ノボル：やはりそうなんですね。じゃあ、日頃からとっておけそうな担保の種類などについて、さっそく調べてみます！

Check List

□取引先は不動産を保有しているか〔→ 3(1)(2)〕

□取引先が不動産を保有している場合、（根）抵当権の設定に協力的か〔→ 3(1)(2)〕

□集合動産譲渡担保の対象となる動産があるか〔→ 3(4)〕

□集合債権譲渡担保の対象となる売掛債権があるか〔→ 3(5)〕

□取引基本契約や売買契約において、所有権留保条項を定めているか〔→ 3(6)〕

□所有権留保条項には、目的物について留保所有権者（売主）に対して占有改定による引渡しをする条項が定められているか〔→ 3(6)〕

□取引先に販売した商品の保管場所（倉庫等）を把握しているか〔→ 4(1)〕

□取引先に販売した商品の転売先に関する情報を把握している

か〔→ **4(1)**〕
□取引先の所有物を占有しているものがあるか〔→ **4(3)**〕

［解説］

1　担保取得のメリット

債権回収の観点において、担保を取得しておくことには大きなメリットがある。たとえば、債権者が取引先の不動産に抵当権を設定していた場合、債権者は取引先に対する訴訟提起などにより債務名義を取得しなくても、執行裁判所に対して担保権実行として不動産競売の申立てをすることができ、円滑な債権回収が可能となる。

また、取引先について破産手続や民事再生手続が開始した場合においては、いわゆる別除権として破産手続や民事再生手続の影響を受けることなく担保権実行により優先的弁済を受けることができるメリットもある。

したがって、債権回収の観点では、取引先との交渉により担保価値のある資産について担保権の設定を受けることは極めて重要となる。

2　担保の種類

担保の種類としては、担保提供者との間の契約によって設定される①約定担保権と、当事者の契約によらないで一定の法律上の要件をみたすことにより発生する②法定担保物権に分かれる。

まず、①約定担保権として、民法上定められている担保権（典型担保物権）である質権、抵当権、根抵当権のほか、民法上定めのない担保権（非典型担保物権）である譲渡担保、所有権留保が挙げられ、②法定担保物権としては、典型担保物権の留置権、先取特権のほか、商事留置権などが挙げられる。

3　約定担保権

(1)抵当権　抵当権とは、債務者または第三者（物上保証人）が占有を移転しないで債務の担保に供した不動産等について、抵当権者が他の債権者に先立って自己の債権の弁済を受けることのできる担保権である（民369）。

取引先が支払期日に支払いをしない場合は、抵当権を実行して債権を回収することができる。具体的な抵当権の実行方法は、民事執行法上の担保不動産競売や担保不動産収益執行といった手続によるほか、担保不動産から生じる賃料等を差し押さえる物上代位による債権回収が可能である。

なお、制度上は、不動産抵当のほか、自動車抵当や工場財団抵当などもあるが、実務ではあまり利用されていない。

(2)根抵当権　根抵当権は、一定の範囲に属する不特定の債権を極度額の限度において担保するために設定される抵当権をいう。取引先との間で継続的な取引を行う場合において不動産に担保権を設定する場合には、債権の発生、消滅を繰り返すため、主に根抵当権を設定することになる。

根抵当権は不特定の債権を担保しているが、一定の事由（元本確定事由）が生じることで根抵当権により担保される元本債権が特定される。元本確定事由としては、根抵当権者が確定請求をしたとき（民398の19②）や債務者または根抵当権者が破産手続開始の決定を受けたとき（民398の20①(4)）などがある。

根抵当権の実行方法は抵当権の場合と同様であり、取引先が支払期日に支払いをしない場合には、元本確定請求を行ったうえで担保不動産競売の申立て等を行って債権回収を図ることとなる。

(3)質権　質権は、債権者がその債権の担保として債務者または第三者から受け取った物を占有し、かつ、その物について他の債権者に先立って自己の債権の弁済を受ける権利である（民342）。

質権は、抵当権の場合と異なって担保目的物を留置する必要があり、債務者が担保目的物を利用できなくなること等から、実務上は利用されることは少ないといえる。

(4)(集合)動産譲渡担保　動産譲渡担保とは、債務者または担保提供者が目的物である動産の所有権を担保の目的で債権者に譲渡するものであり、債権者と債務者または担保提供者との間の合意によって設定される。

動産譲渡担保の対抗要件は引渡し（民178）であり、実務上は、占有改定（民183）による引渡しが利用される。占有改定は、ある物の占有者が、債務者または担保設定者が占有する物を以後債権者のために占有するという意思表示をすることによって占有を移転する方法である。

平成17年10月に施行された「動産及び債権の譲渡の対抗要件に関する民法の特例等に関する法律」（以下「債権譲渡特例法」という）において、動産譲渡登記制度が創設され、法人が動産の譲渡をした場合において動産譲渡登記がされたときは、「引渡し」があったものとみなされ対抗要件を具備することができるようになった（債権譲渡特例法3①）。

取引先から担保を取得する交渉を行う場合、すでに所有不動産については取引金融機関の抵当権などが設定されていることも多いため、動産譲渡担保や、後述の債権譲渡担保を設定することは有益である。

また、個別動産を目的物とするほか、動産の集合体を目的物とする集合動産譲渡担保の設定も可能である。具体的には、取引先が販売のために店舗や倉庫に保管する在庫商品等を、包括的に担保にとるのが集合動産譲渡担保である。集合動産譲渡担保の対抗要件は引渡しであり、設定契約時に一度集合物について占有改定による引渡しをすれば、その後新たに加わって集合物を構成する動産はすべて占有改定による対抗要件を具備することになる。また、集合動産譲渡担保の設定者は、集合動産譲渡担保の目的物を通常の営業の範囲内で販売することは許容される。

他方、取引先が支払期限までに支払いをしない場合には、期限の利益を喪失させたうえで担保権実行を通知して目的物を自己に引き渡すよう請求することができる。なお、集合動産譲渡担保については、実行通知によりその時点で存在する物に担保目的物が特定（固定化）され、当該目的物を自己に帰属させたうえでその価額をもって被担保債権に充当し（帰属清算方式）、または当該目的物を処分したうえで代金を被担保債権に充当し（処分清算方式）、被担保債権全額を回収して余剰が生じた場合には、その分を債務者に返還する清算義務が生じる。

動産担保の換価は、通常の流通から外れると困難な場合が多いものの、①弁済猶予等についての債務者との交渉では在庫等の動産担保を有していると優位に立てることや、②債務者について民事再生手続が開始した場合でも別除権者として扱われ受戻し等の交渉の際に優位に立てることから、極めて有益な担保といえる。

(5)(集合)債権譲渡担保　債権譲渡担保とは、債務者（譲渡人）が第三債務者に対して有する売掛金等の債権を担保の目的で債権者（譲受人）に譲渡するもので、債権者と債務者の合意により設定される。

債権譲渡担保の第三者対抗要件は、譲渡人から第三債務者への確定日付ある証書による通知または第三債務者の承諾である（民467）。この点、第三債務者に対して債権譲渡担保の通知を行うと債務者（譲渡人）の信用不安が生じるなどの問題があり、また、多数の債権を一括して譲渡担保に供する場合、個々の第三債務者ごとに確定日付のある証書をもってする通知・承諾が必要となり手続的に煩雑であるという問題もあった。そのような中、平成10年10月に、法人の有する金銭債権の譲渡等について民法の特例として登記により対抗要件を具備できる制度が施行され、その後平成17年10月に、改正法により動産債権譲渡特例法が施行され、債権譲渡登記について第三債務者不特定の将来債権譲渡登記も認められるなどの改正がなされた。

債権譲渡登記は、法人が有する金銭の支払いを目的とする指名債権に限り可能である。また、債務者が第三債務者に対して継続的取引により現在および将来発生する債権を一括して担保目的物とする集合債権譲渡担保についても利用でき、将来債権の譲渡に関して第三債務者不特定の債権譲渡登記も認められている。債権譲渡登記は、第三債務者以外の第三者に対する対抗要件で、登記日に確定日付のある証書による通知があったものとみなされる（債権譲渡特例法4①)。これにより、売掛債権等に担保権を設定したことが外部に知られることを回避でき、従前の債権譲渡通知の場合に生じる信用不安等の事態を招くことなく担保権の設定が可能となった。

他方、第三債務者に対する対抗要件は、譲渡人または譲受人が第三債務者に対して登記事項証明書を交付して通知したときに、対抗要件が具備される（同②)。実務上は、債権譲受通知を配達証明付き内容証明郵便にて送付したうえで、登記事項証明書は内容証明郵便に同封できないことから、別途、配達証明付き書留郵便で送付することとなる。

なお、集合債権譲渡担保においては、目的債権の特定が必要とされるが、第三債務者、債権発生原因、債権発生時期、金額、弁済期などにより、設定当事者間である債権が目的債権にあたるか否かが明確になっていれば特定されていると解されている（次頁の**参考書式9**参照)。

取引先が支払期限までに支払いをしない場合には、上記の第三債務者に対する対抗要件を具備したうえで、担保となっている目的債権の取立てをして被担保債権の弁済に充当し、被担保債権全額を回収して余剰が生じた場合には、その分を債務者に返還する清算義務が生じる。

債権譲渡担保は、動産担保の場合と異なり換価の必要がなく、第三債務者から直接、額面額を回収できる点で極めて優れた担保であるといえる。

(6)所有権留保　所有権留保とは、売買代金の完済前に目的物の占有を売主から買主に移転する売買において、売買代金債権の担保のために、目的物の所有権を売主に留保し、買主が売買代金債務の履行をしなかったときに目的物を取り戻して売買代金債権を回収する担保方法である。

所有権留保は、売主および買主の間で、所有権留保条項を規定した売買契約書を締結することにより成立する。所有権留保については、従前は、物権変動があるわけではないので対抗要件を具備する必要はないという見解もあったが、近時、買主について民事再生手続が開始した場合において売主が所有権留保を主張するためには対抗要件として占有改定による引渡しが必要である旨述べた裁判例（東京地判平成22・9・8判タ1350号246頁）が出されている。したがって、所有権留保条項において留保所有権者（売主）に占有改定による目的物の引渡しをする旨規定すべきことに留意が必要である。

取引先が支払期限までに支払いをしない場合には、所有権留保の実行として、売買契約を解除して目的物を引き揚げるということであり、動産譲渡担保の実行と同様である。

▼参考書式９　集合債権譲渡担保契約書

集合債権譲渡担保契約書

令和　　年　　月　　日

債 権 者

債 務 者

第１条（債権の譲渡）

債務者は、令和　年　月　日付売買契約（以下「本基本契約書」という）に基づき債務者が債権者に対して現在負担し並びに将来負担することのある売買代金債務（以下「本債務」という）を担保するため、債務者と後記譲渡債権目録記載の第三債務者（以下「別紙第三債務者」という）との取引により、債務者が別紙第三債務者に対して本日現在有する売買代金債権その他一切の債権を債権者に譲渡した。

2.　債務者は、別紙第三債務者以外の者（以下「追加第三債務者」という）との取引により、追加第三債務者に対して売買代金債権その他一切の債権を取得した場合は、本債務を担保するため、本基本契約書で定めた債権譲渡登記の存続期間中に債務者が追加第三債務者に対して取得する売買代金債権その他一切の債権（この債権および前項による譲渡の対象債権を合わせて以下「譲渡債権」と総称し、別紙第三債務者と追加第三債務者を合わせて以下「第三債務者」総称する）を債権者に譲渡する。

第2条（譲渡債権の報告）

債務者は、毎月末日現在および債権者の請求する時点における譲渡債権の金額、内容、支払期日を上記時点から翌月１０日までに債権者に通知する。

2.　債務者は、債権者の要求のあるときは、譲渡債権に関する請求書、受領書、商品発送案内書の写しを速やかに債権者に交付する。

3.　債務者は、債務者と第三債務者との取引が減少または終了したときは、直ちにその旨を債権者に通知する。

4.　債務者は、前項または第５条の事由が生じた場合、債権者の請求により、直ちに増担保、代わり担保または内入金の差し入れ、もしくは保証人をたて、または本債務の全部もしくは一部を弁済する。

5.　債務者は、譲渡債権について第三債務者の振出または裏書譲渡により手形を取得しまたは将来取得したときは、債権者の指示に従い当該手形（以下「譲渡手形」という）も債務の担保として直ちに裏書その他の必要な処理を行った上で債権者に譲渡する。

6.　債務者は、第三債務者について、その住所、商号、代表者変更、合併等の変動があったときは、直ちにその旨を債権者に通知する。

第3条（債権譲渡登記）

1.　譲渡債権について、債務者は本契約締結後、遅延なく債権譲渡登記を行うものとする。債権譲渡登記に必要な費用は債務者の負担とする。

2.　債権譲渡登記の存続期間は３年間である。

3.　債務者は、債権者に対し、債権者が登記事項証明書の交付および同証明書の送付に必要な費用を事前に提供する。

4.　債務者は、債権者からの請求があれば直ちに譲渡債権についての登記事項証明書を債権者に提出するものとする。

第4条（譲渡債権についての保証）

1.　債務者は、譲渡債権につき何らの瑕疵のないこと、相殺その他第三債務者から対抗されるべき事由のないこと、および、譲渡債権につき債権者以外の第三者に対して譲渡（本契約と同様の集合債権譲渡担保の設定を含むがこれに限らない。）していないことを保証する。契約不適合または対抗されるべき事由が生じたときは直ちに債権者にその旨通知する。

2．　債務者は、本契約について取締役会決議等の法令、定款上必要とされる手続がある場合は、これをすべて完了していることを保証する。

第５条（期限の利益の喪失）

債務者が下記各号の一にでも該当する場合には、債務者は本債務につき当然に期限の利益を失い、直ちに本債務全額を現金にて債権者に支払う。

①　手形または小切手を不渡としたとき、その他支払停止状態に至ったとき。

②　破産、会社更生、特別清算、民事再生等、その他法的倒産手続の申立があったとき。

③　本契約または債権者・債務者間の他の契約（本基本契約書を含むがこれに限らない。）の全部または一部の履行をしないとき。

④　差押、仮差押、競売、租税滞納処分、その他の公権力の処分を受けたとき。

⑤　監督官庁より営業停止、または営業免許もしくは営業登録の取消の処分を受けたとき。

⑥　事業の廃止もしくは変更、または解散の決議をしたとき、あるいは清算の手続に入ったとき。

⑦　債権者に債務者代表者の所在が不明になったとき。

⑧　前３号ないし前７号の事実のいかんにかかわらず、客観的にみて債務者の信用状態が悪化し、または悪化のおそれがあり、債務者が支払停止に至る可能性が著しく高いと債権者が判断したとき。

第６条（履行の停止、即時解除）

前条の場合、債権者は何らの催告または自己の債務の履行の提供をしないで、直ちに債務者との契約の全部または一部については履行を停止し、あるいは契約を解除できるものとし、また、履行の停止または契約の解除の有無にかかわらず、債権者に損害が発生している場合にはその損害金を債務者に請求することができる。

第７条（債権譲渡の禁止）

債務者は、債権者の事前の書面により承諾を得ない限り、債権者との間の契約にもとづく債権者に対するいかなる債権も第三者に譲渡・質入れ等処分すること（本契約と同様の集合債権譲渡担保の設定を含むがこれに限らない。）ができない。

第８条（譲渡債権の受領）

債務者は、第９条により債権者が第三債務者宛に通知するまでの間、第三債務者より譲渡債権について弁済を受領することができる。ただし、債務者が譲渡債権の契約上の弁済期日よりも前に第三債務者より弁済を受ける場合には、債権者の事前の書面による承諾を得るものとする。

2．　第９条により債権者が第三債務者宛に通知したときは、以後、債務者は譲渡債権について第三債務者に弁済を請求すること、弁済を受領すること、または債権者による第三債務者からの譲渡債権の回収を妨げるいかなる行為もしてはならない。

第９条（譲渡債権の取り立て）

第５条の各号の一にでも該当する事由が発生したときは、債権者は登記事項証明書を第三債務者宛に交付して通知することにより第三債務者から当該譲渡債権を取り立てることができる。

第１０条（弁済充当）

債権者は、前条により債権者が譲渡債権を取り立てる場合において必要あるときには、債務者に通知、確認をし、適宜第三債務者に対して当該譲渡債権の回収について和解等により減額、免除等の措置をとることができる。この場合、この措置により本債務は何ら減免されない。

２．　債権者は、譲渡債権を第三債務者から回収したときは、実際の回収額から回収に要した費用（訴訟費用、弁護士報酬、登記費用、登記手数料、郵券等譲渡通知費用を含む）を控除した金額について、債務者に通知、確認をし、本債務の全部または一部に充当することができる。

第１１条（遅延損害金）

債務者が本債務の履行を怠ったときは、弁済すべき金額に対し、支払期日の翌日より完済の日までの遅延損害金を年率１０％の割合によって債権者に現金で支払う。

第１２条（合意管轄）

本契約に関する一切の紛争については、東京地方裁判所を第一審の専属的合意管轄裁判所とする。

以上

譲渡債権目録

債務者が下記第三債務者に対して有する売買代金債権にして、本日現在有し、契約日から令和　　年　　月　　日までに取得する売買代金債権

記

第三債務者名　　　　住所

○　　　　○

4　法定担保物権

(1)先取特権　先取特権とは、法律の定めにより、一定の債権を有する者が債務者の財産について他の債権者に優先して自己の債権の弁済を受けることができる担保物権である。

取引先に対する売掛債権について主に生じうる先取特権としては、動産売買先取特権が挙げられる。動産売買先取特権は、動産の売主の代金債権およびその利息債権に関して、売買の目的物である動産について行使できるものであり（民321）、当該動産が第三者に転売された場合においては、その転売代金に対する物上代位として権利行使することができる（民304）。

そして、取引先について破産手続や民事再生手続が開始した場合、動産売買先取特権は別除権として扱われ、破産手続や民事再生手続によらずに目的物についての競売の申立て等により権利を実行することができることから、債権回収の観点で極めて重要な権利といえる。

取引先が支払期日に支払いをしない場合、動産売買先取特権の実行方法として、実務上、執行裁判所に対して動産売買先取特権の存在を証する文書（売買契約書、注文書、納品書、受領書等）を提出して動産競売開始許可の申立てをし（民執190①(3)・②）、許可決定を得たうえで執行官に対する動産競売の申立てを行い、対象物の差押え、売却手続、配当手続という一連の手続により債権回収をすることとなる。

また、取引先がすでに目的物を転売して第三者に対する代金債権を有している場合には、動産売買先取特権の物上代位として当該債権の差押命令の申立てを行い、動産売買先取特権の存在、被担保債権の存在、履行期の到来、転売の事実、転売された動産の同一性について立証して差押命令を取得して、第三債務者（転売先）からの取立て等により債権回収することとなる。

(2)民事留置権　（民事）留置権とは、他人の物の占有者が、その物に関して生じた債権を有する場合に、その債権の弁済を受けるまでその物を留置することができる権利である（民295①）。

留置権は、その留置的効力により債務者に対して弁済を間接的に強制するものであるが、目的物の価値を支配しておらず優先弁済権は認められない。また、債務者について破産手続が開始した場合には留置権は効力を失い、留置権者は一般の破産債権者として扱われるにすぎず、破産管財人は留置権者に対して留置物の引渡しを請求できる（破66③等）。

(3)商事留置権　商法においては、商人間の商行為により生じた債権を担保するため、商行為によって占有した債務者所有の物または有価証券に留置権が発生すると規定しており（商521）、これを商事留置権という。

商事留置権は、民事留置権と異なり、債務者について破産手続が開始した場合には別除権として扱われ、破産手続によらずに留置目的物についての競売の申立て等により権利を実行することができる。

【 ***Answer*** 】

債権回収を確実にするためには、できる限り実効性のある担保を取得しておくことが重要となる。担保の種類としては、約定担保権として抵当権、根抵当権、（集合）動産譲渡担保、（集合）債権譲渡担保、所有権留保などが挙げられ、これらの中から事案に応じて最適な担保を取得することが重要となる。また、担保設定の合意が得られなかった場合においても、法律上の要件をみたすことにより発生する法定担保権である商事留置権、動産売買先取特権の権利行使が考えられることから、担保権の存在を証する書面を日頃から管理のうえで、円滑な担保権実行が可能となるよう留意すべきである。

4…回収不能の場合（税務上の処理）

Case

債権者A社が債務者B社から債権回収を図るべく、催告書を送付した後、B社が廃業してしまった。A社は、この債権について税務上どのような処理をすべきか。

• • •

ノボル：A社から依頼を受けてB社に催告書を送付していた件ですが、今日A社の社長から連絡があり、とうとうB社が廃業してしまったとのことでした。

姉　弁：何とか少しでも回収できればと思っていたけど、残念ね。

ノボル：A社の社長からは、回収不能の場合の税務上の処理をどうすればいいかという相談もありました。でも僕らは弁護士なので、税務のことは全部、顧問税理士の先生に聞いてくださいって回答すればいいんですよね？

姉　弁：うーん、それだと社長さんも困ってしまうから、回収不能の場合の基本的な税務上の処理については、アドバイスすべきだと思うな。たとえば、回収不能の取引先に対する書面による債務免除額についての損金処理というのがあるのよ。税務上の損金処理ができると実効税率分の節税効果があるので、要件などをしっかり理解しておくことはとても大事よ。

ノボル：そうなんですね･･･。でも、要するに回収不能になったら債務免除の通知書を送ればいいってことですよね。けっこう簡単ですね！

姉　弁：そうでもないわよ。回収不能で損金処理ができる要件や時期というのが通達などで決められているから、きちんと理解してアドバイスをしないと、あとで税務調査が入って損金処理が否認されて追徴課税が生じるおそれもあるのよ。あと、最終的には顧問税理士などにご相談くださいと依頼者に伝えてリスクヘッジしておくことも大事よ。

ノボル：そうなんですか。前にも言いましたけど、僕、昔から数学が大の苦手で、
税務も数学に似ているから苦手なんですよね、とほほ･･･。でも、回収不能な場合の税務上の処理について、基本的なことを調べてみます！

Check List

□債務者の廃業について法的手続（破産申立て）が行われているか［→ 2(1)］
□債務者（会社）の代表者と連絡がとれるか［→ 2(1)］
□債務者（会社）の代表者の現住所は把握しているか［→ 2(1)］
□債務者（会社）の事務所宛てに郵便が届く状況か［→ 2(1)］
□債権回収不能の期間はどの程度か［→ 2(1)(3)］
□（破産申立てがあったが、配当がなく手続が終了した場合）破産手続廃止決定日はいつか。破産手続廃止決定の証明書を入手したか［→ 2(2)］

［ 解説 ］

1 債権回収が困難な場合の税務処理

法人の有する金銭債権が回収できないことが明らかになった場合は、貸倒損失として損金の額に算入される（法税 22 ③）。ここで、貸倒損失の損金算入の要件等については、法人税基本通達（以下「法基通」という）9-6-1 から同 9-6-3 に具体的な規定がある。

2 貸倒損失の処理方法

(1)金銭債権の全部または一部の切捨てをした場合の貸倒れ（法律上の貸倒れ） 債務者が以下のような状況になった場合、債権のうち以下に記載の金額は、その事実が発生した日の属する事業年度において

貸倒れとして損金算入することとなる（法基通 9-6-1）。

①会社更生法による更生計画認可決定、民事再生法による再生計画認可決定があった場合に、これらにより切り捨てられることになった金額
②会社法の規定による特別清算にかかる協定認可決定があった場合に、この決定により切り捨てられることになった金額
③私的整理における債権者集会の協議決定で、合理的な基準により債務者の負債整理を定めた場合等に切り捨てられることになった金額
④債務者の債務超過の状態が相当期間継続し、その金銭債権の弁済を受けることができないと認められる場合において、その債務者に対し書面により明らかにされた債務免除額

なお、法基通 9-6-1 では、破産手続の場合については規定されていないため、破産手続廃止決定や破産手続終結決定により確定した回収不能額については、後述の法基通 9-6-2 により回収不能額を貸倒損失として処理することになる。

上記のうち④については、債権者の行為によって貸倒損失となる場合を規定しており、実務上問題となることが多い。この点、債務超過の状態が「相当期間」継続することという要件は、債権者が債務者の経営状態をみて回収不能かどうかを判断するために必要な期間をいい、形式的に何年ということではなく、個別の事情に応じその期間は異なる点に留意が必要である。

また、「書面」により明らかにされた債務免除額であることが要件となるため、実務上は、内容証明郵便にて債務免除の通知書を債務者宛てに送付することとなる。具体的には、債務者の事務所宛てに郵便物が届く場合には事務所宛てに送付し、すでに事務所を閉鎖していている等のため郵便が届かない場合には代表者の現住所宛てに送付することになる。なお、代表者の現住所も不明の場合には、意思表示の公

示送達の方法が必要となる。

(2)回収不能の金銭債権の貸倒れ(事実上の貸倒れ) 法人の有する金銭債権につき、その債務者の資産状況、支払能力等からみてその全額が回収できないことが明らかになった場合には、その明らかになった事業年度において貸倒れとして損金経理をすることができる。この場合、当該金銭債権について担保物があるときは、その担保物を処分した後でなければ貸倒れとして損金経理をすることはできない点に留意が必要である(法基通 9-6-2)。

債権の全額が回収不能であることの判断に関して、判例(最判平成16・12・24民集58巻9号2637頁)によれば、「〔債権〕の全額が回収不能であることは客観的に明らかでなければならないが、そのことは、債務者の資産状況、支払能力等の債務者側の事情のみならず、債権回収に必要な労力、債権額と取立費用との比較衡量、債権回収を強行することによって生ずる他の債権者とのあつれきなどによる経営的損失等といった債権者側の事情、経済的環境等も踏まえ、社会通念に従って総合的に判断されるべきものである」とされる。

実務上、回収不能の判断が困難な事案は多いといえるが、債務名義を用いて強制執行をしたが執行不能となったことをもって回収不能と判断し、その執行不能調書をその判断の証拠としておくこと等が行われている。

なお、破産手続廃止決定や破産手続終結決定が確定した場合は、これにより回収不能が明らかになったものとして回収不能額を貸倒損失として処理することとなる。

(3)一定期間取引停止後弁済がない場合等の貸倒れ(形式上の貸倒れ) 債務者について次に掲げる事実が発生した場合には、その債務者に対して有する売掛債権について法人が当該売掛債権の額から備忘価額を控除した残額を貸倒れとして損金経理をすることができる。

①その取引先との取引を停止した時以後1年以上経過した場合

②法人が同一地域の債務者について有する当該売掛債権の総額がその取立てのために要する旅費その他の費用にみたない場合において、当該債務者に対して督促をしたにもかかわらず弁済がないとき

ここで、上記①の取引の停止は、継続的な取引を行っていた債務者につきその資産状況、支払能力が悪化したためその後の取引を停止するに至った場合をいう点に留意が必要である。

【 ***Answer*** 】

B社が廃業したことによるA社の税務上の処理としては、貸倒損失を計上して損金処理をすることとなる。A社が法的倒産手続をとらずに事実上の廃業をしたにすぎない場合には、所定の要件をみたすことを前提にB社に対して内容証明郵便にて債務免除通知を送付して損金処理をする方法（法基通9-6-1参照）や、強制執行が執行不能となった場合に回収不能として損金処理する方法（同9-6-2参照）などが考えられる。また、A社の廃業後に破産申立てがなされ破産手続が開始している場合には、破産手続廃止決定や破産手続終結決定により確定した回収不能額を損金処理することになる（同9-6-2参照）。

いずれの方法をとるかについて、最終的には顧問税理士などの税務専門家からもアドバイスを得て判断するよう、依頼者に伝えることが重要である。

事項索引

た行

な行

は行

ま行

や行

ら行

わ行

判例索引

【編著者】

市川　充（いちかわ・みつる）／弁護士（リソルテ総合法律事務所）
1960年生まれ。東京大学法学部卒業。1995年弁護士登録（第47期）。主著として、『民事再生の実務』（共著、三省堂・2000年）、『弁護士の周辺学〔第2版〕』（共編著、ぎょうせい・2021年）など。
※第3章7執筆

岸本史子（きしもと・ふみこ）／弁護士（あずさ総合法律事務所）
1973年生まれ。早稲田大学大学院法学研究科公法学専攻修了。2000年弁護士登録（第52期）。主著として、『離婚のチェックポイント』（編著、弘文堂・2021年）、『弁護士の失敗学』（分担執筆、ぎょうせい・2014年）など。
※第1章、第2章6〜10執筆

【著　者】

國塚道和（くにづか・みちかず）／弁護士（かすが・國塚法律事務所）
1966年生まれ。早稲田大学法学部卒業。2003年弁護士登録（第57期）。主著として、『離婚のチェックポイント』（分担執筆、弘文堂・2021年）、『Q＆A相続・遺留分の法律と実務』（共著、日本加除出版・2011年）など。
※第2章1〜5、第3章4〜6、第4章4執筆

嵯峨谷厳（さがや・つよし）／弁護士（嵯峨谷法律事務所）
1973年生まれ。千葉大学法経学部卒業。2001年弁護士登録（第54期）。主著として、『破産申立マニュアル〔第2版〕』（分担執筆、商事法務・2015年）、『特別清算の理論・実務と書式』（分担執筆、民事法研究会・2010年）など。
※第3章1〜3、第4章1〜3執筆

佐藤真太郎（さとう・しんたろう）／弁護士・米国公認会計士（佐藤真太郎法律事務所）
1974年生まれ。慶應義塾大学理工学部管理工学科卒業。2000年弁護士登録（第53期）。主著として、『事業再生・倒産実務全書』（分担執筆、きんざい・2020年）、『事業者破産の理論・実務と書式』（分担執筆、民事法研究会・2018年）など。
※第5章1〜4執筆

【編著者】
市川　充　弁護士（リソルテ総合法律事務所）
岸本　史子　弁護士（あずさ総合法律事務所）

【著　者】
國塚　道和　弁護士（かすが・國塚法律事務所）
嵯峨谷　厳　弁護士（嵯峨谷法律事務所）
佐藤真太郎　弁護士（佐藤真太郎法律事務所）

債権回収のチェックポイント〔第2版〕【実務の技法シリーズ2】

2019（平成31）年2月28日　初　版1刷発行
2023（令和5）年1月30日　第2版1刷発行

編著者　市川　充・岸本史子
発行者　鯉渕友南
発行所　株式会社　弘文堂　101-0062 東京都千代田区神田駿河台1の7
TEL 03(3294)4801　振替 00120-6-53909
https://www.koubundou.co.jp

装　丁　青山修作
印　刷　三陽社
製　本　井上製本所

ISBN 978-4-335-31391-2